Barbara Peters/Elena Jell

Komm mit nach Bethlehem

Ein Vorleseprojekt zum Mitmachen

Materialien für den Unterricht
Hase und Igel®

www.hase-und-igel.de
Lektorat: Monika Burger
Satz: Helga Lindemann
Illustrationen: Maryse Forget
Druck: Himmer AG, Augsburg

ISBN 978-3-86760-896-1

Inhalt

Vorwort

Mit dem Adventskalender „Komm mit nach Bethlehem“ begleiten Sie und Ihre Kinder den kleinen Hirtenjungen Aram auf seinem abenteuerlichen Weg von Nazareth nach Bethlehem. In Nazareth lernt Aram die schwangere Maria kennen, die ihm von ihrem besonderen Baby erzählt. Auf dem langen Weg nach Hebron, wo sich Aram und seine Familie in die Listen des Kaisers zur Volkszählung eintragen müssen, ist es Aram oft langweilig. Als die Herde in der Nähe von Bethlehem rastet, trifft Aram Maria und Josef wieder. Er hilft Josef bei der Herbergssuche und als das Jesuskind geboren wird, sind er und die anderen Hirten die Ersten, die sich auf den Weg zum Stall machen.

Passend zu den in den jeweiligen Kapiteln geschilderten Erlebnissen, finden Sie für jeden Tag einfache Spiel- und Bastelanregungen, Lieder und Rezepte. Diese ermöglichen es den Kindern, die beim Vorlesen gehörten Informationen ganzheitlich zu vertiefen. Die Aktivitäten sind vielfältig und für Grundschulkinder ab der ersten Klasse geeignet.

Die Geschichte

Aram ist ein kleiner Hirtenjunge, der mit seinem Vater, seinen Brüdern, den anderen Hirten und mit ihrer Schafherde in Galiläa unterwegs ist. Sein treuer Begleiter ist der Hirtenhund Jamin, mit dessen Hilfe er jede Herausforderung meistert.

Bei einem Ausflug in die Stadt Nazareth trifft er zufällig auf die schwangere Maria und erfährt so von dem „besonderen Kind“, das sie bekommen wird. Aram begleitet Maria nach Hause, sodass er auch ihren Verlobten Josef kennenlernt. Gerade angekommen, verkündet ein Herold des Kaisers, dass alle Bewohner des Landes zur Volkszählung in ihre Heimatorte ziehen müssen. So machen sich Maria und Josef auf den langen Weg nach Bethlehem, dem Ort, in dem Josef geboren wurde.

Arams Familie stammt aus Hebron, einer Stadt in der Nähe von Bethlehem, sodass Aram und die Hirten nun in die gleiche Richtung wie Maria und Josef ziehen. Unterwegs kreuzen sich ihre Wege mehrere Male und Aram erlebt auf seiner Reise viele Abenteuer. So wird eines Nachts die Herde von einem Wolf bedroht, den Jamin aber vertreiben kann. Beim ersten Ausflug nach Bethlehem nimmt Aram versehentlich den falschen Weg und droht in eine Schlucht zu stürzen, wovor ihn Jamin gerade noch bewahrt.

In Bethlehem trifft Aram schließlich auf den verzweifelten Josef, der für Maria und sich vergeblich eine Herberge sucht. Marias Kind soll ja schon bald geboren werden. Aram hilft ihm bei der Suche und dank seiner Hilfe findet Josef einen warmen und trockenen Stall zum Übernachten.

Als Maria das Jesuskind im Stall zur Welt bringt, lagern Aram, die anderen Hirten und die Herde nicht weit entfernt. Der Engel fordert die Hirten auf, nach Bethlehem zu gehen, und kurz darauf sieht Aram das neugeborene Jesuskind in der Krippe.

Zu jeder Episode gehört eine kurze Zusammenfassung. Diese ermöglicht es Ihnen, Episoden, die auf das Wochenende fallen, kurz und knapp nachzuerzählen. Die Zusammenfassungen sind auch eine Hilfe, wenn die Kinder sich z. B. im Rahmen eines täglichen Rituals ins Gedächtnis rufen sollen, was am vorherigen Tag in der Geschichte geschah. Und schließlich erfahren Kinder, die an dem einen oder anderen Tag fehlten, durch die kurze Inhaltsangabe in Grundzügen den Fortgang der Handlung.

An einigen Stellen wird der Erzählfluss der Geschichte durch kursiv gedruckte Fragen unterbrochen, die Sie besprechen und diskutieren können. Mithilfe der Fragen werden Begriffe geklärt, die den Kindern vielleicht noch nicht bekannt sind.

Außerdem regen sie zum Erzählen an und rufen Geschehnisse aus früheren Episoden in Erinnerung. Die Fragen dienen lediglich als Anregungen. Zögern Sie nicht, auch an anderen Stellen innezuhalten und das Gespräch mit den Kindern zu suchen.

Um den Schülern eine Vorstellung zu geben, welchen Weg Maria und Josef zurückgelegt haben und wo sich die einzelnen Orte in Palästina zur Zeit Jesu befanden, bietet es sich an, die Karte von Seite 5 vergrößert zu kopieren und im Klassenzimmer aufzuhängen. So können Sie gemeinsam mit den Kindern die Geschichte auf der Karte nachvollziehen.

Das Poster

Diesem Materialienband liegt ein farbiges Poster bei, auf dem zunächst nur ein Weg in einer Landschaft, vereinzelte Figuren und die leere Krippe zu sehen sind. Jeden Tag wird das Poster mit einem Motiv ergänzt, das aus dem zweiten beiliegenden Poster ausgeschnitten wird. Wohin genau das zur jeweiligen Episode passende Motiv geklebt werden soll, zeigen die Nummern auf den hell abgesetzten Flächen an. Alle Abenteuer, die Aram auf seiner Reise nach Bethlehem erlebt, finden sich so auf dem Poster wieder. Am 24. Dezember sind alle um das Jesuskind in der Krippe versammelt: Maria, Josef, der Ochse und der Esel, aber auch Aram und Jamin und die anderen Hirten. Eine Abbildung des fertigen Posters finden Sie auf der Innenseite des Umschlags.

Die Gestaltungsideen

Zu jeder Geschichte gehört eine Aktivität, die Sie mit den Kindern nach dem Vorlesen durchführen können. Ab Seite 54 finden Sie dafür einige Gestaltungsvorlagen.

Zunächst gibt es Aktivitäten mit unmittelbarem Bezug zu den Geschichten: eine Gestaltungsanregung für ein Räuchermännchen als Schafhirte (1. Dezember), einen Vorschlag, die Herbergssuche szenisch zu gestalten (15. Dezember), sowie das Lied „Hevenu Shalom" (16. Dezember) in Anlehnung an den Gruß des Wirtes, bei dem Josef eine Unterkunft findet. Der „Engel aus Tortenspitze" (22. Dezember) bezieht sich auf den Verkündigungsengel der Geschichte und das Lied „Kommet, ihr Hirten" (23. Dezember) können Sie mit den Kindern singen, wenn die Hirten die Krippe erreichen.

Außerdem finden Sie einige Anregungen für Aktivitäten rund um das Thema „Israel" und die hebräische Sprache. Ein Infotext liefert Ihnen das nötige Hintergrundwissen (6. Dezember), um mit den Kindern die konkreten Aktivitäten zum Thema durchführen zu können: ein Rätsel in Geheimschrift (7. Dezember), bei dem die Kinder die hebräischen Schriftzeichen kennenlernen. Oder eine Bauanleitung für einen Dreidel, ein beliebtes jüdisches Kinderspiel, auf dem hebräische Schriftzeichen den Gewinn angeben (19. Dezember).

Der „Leuchtende Stern" (20. Dezember), der gestaltet wird, wenn die Hirten dem hellen Stern bis zur Krippe folgen, das „Bastherz" (14. Dezember), das Bild der Umgebung Bethlehems (12. Dezember) oder die „Zuckerlaterne" (18. Dezember) sind schöne, individuelle Geschenke für Eltern, Großeltern und Geschwister.

Die Rezepte „Kinderpunsch" (5. Dezember), „Mandel-Dattel-Makronen" (9. Dezember) und „Challah", ein Hefebrot aus Israel (17. Dezember), können für die Bewirtung bei einer Advents-, Nikolaus- oder Weihnachtsfeier mit den Eltern herangezogen werden.

Schließlich finden Sie noch einige Vorschläge für spannende Gemeinschaftsaktivitäten für die ganze Klasse: „Murmeln" (3. Dezember) haben bereits die Kinder im alten Israel gespielt, das „Seilspiel" (2. Dezember) stärkt den Zusammenhalt der Gruppe. Die Spiele „Malen im Dunkeln" (11. Dezember) und die „Kaninchenjagd" (10. Dezember) nehmen eng Bezug auf die Geschichte.

Alle Gestaltungsideen sind Vorschläge. Natürlich ist es möglich, an manchen Tagen nur die jeweilige Episode vorzulesen und das Motiv auf das Poster zu kleben.

Das Adventsprojekt kann mit einem Brettspiel abgeschlossen werden. Die Vorlage und die Spielanleitung finden Sie auf den Seiten 62 bis 64.

Durch die intensive Auseinandersetzung mit dem Poster werden die Erinnerung an Aram und die Geschichte von Maria und Josef den Kindern noch lange im Gedächtnis bleiben.

Rituale

Kinder lieben und brauchen Rituale. Geben Sie der Geschichte von Aram und seiner abenteuerlichen Reise nach Bethlehem einen festen Platz im vorweihnachtlichen Alltag: Lassen Sie die Kinder jeden Tag in einem gemütlichen Sitzkreis Platz nehmen und entzünden Sie die Kerzen am Adventskranz. Zu Beginn können Sie gemeinsam ein Adventslied singen. Anschließend fassen die Kinder den Inhalt der vorangegangenen Episode zusammen. Danach werden sie mit Vergnügen dem Fortgang der Handlung lauschen.

Viel Spaß, eine schöne, kreative Adventszeit und ein frohes Weihnachtsfest!

Barbara Peters und Elena Jell

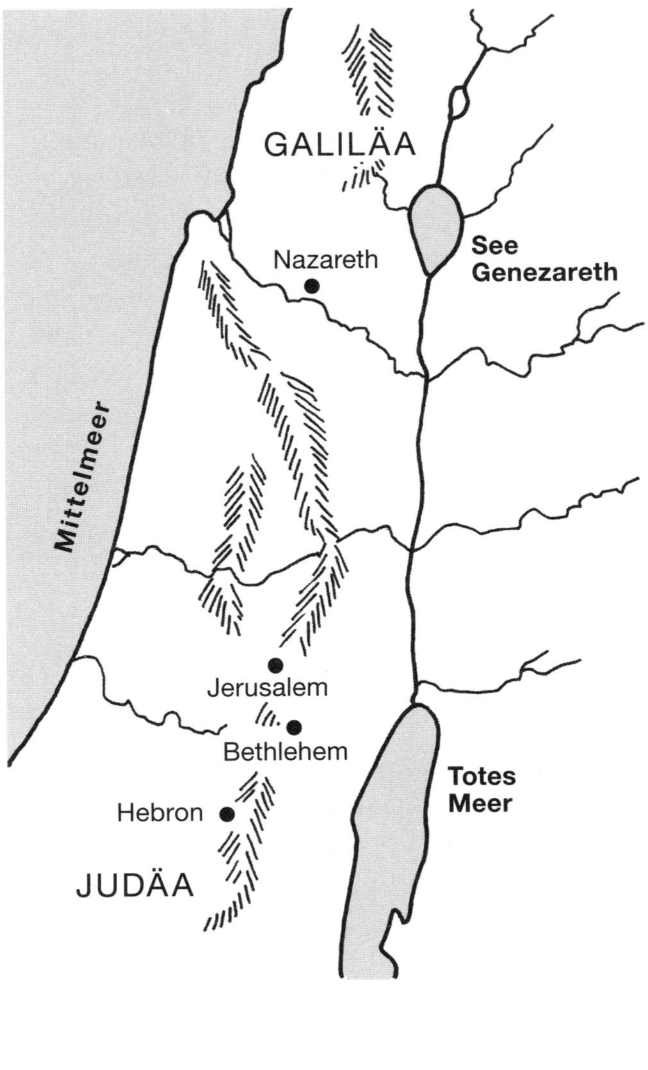

1. Dezember

Aram, der jüngste Hirte

„Brav, Jamin! Das hast du gut gemacht", lobt Aram seinen Hund.

Jamin wedelt wild mit dem Schwanz und springt an Aram hoch. Doch bevor der Junge den Hund streicheln kann, saust Jamin schon wieder bellend davon.

Was ist denn jetzt los? Aram schaut sich um. Da sieht er es: Zwei Lämmer versuchen, den Weg zu verlassen, den die Schafe entlangziehen. Bestimmt glauben sie, dass es hinter der Böschung saftigeres Gras gibt. Doch die beiden haben keine Chance. Jamin hat sie schon erreicht und treibt sie zurück zur Herde.

Auch Aram, der jüngste Hirte dieser Herde, hat alle Hände voll zu tun. Immer wieder versucht ein freches Schaf auszubüxen und Aram muss es mit seinem kleinen Hirtenstab daran hindern.

Natürlich sind Aram und Jamin nicht allein für die vielen Schafe verantwortlich. Joshua und Sem, Arams große Brüder, und ihr Vater Dan kümmern sich gemeinsam mit den anderen Hirten und ihren Hunden um die große Herde.

Aram gähnt und streckt sich. Er ist müde und seine Füße tun ihm weh. Sie sind heute schon so lange unterwegs. Hoffentlich rasten sie bald. Wann wird es endlich Abend? Aram schaut hinauf zur Sonne.

Wieso kann Aram an der Sonne erkennen, ob es bald Abend wird?

Zum Glück steht die Sonne schon ziemlich tief. Bald wird sie hinter dem Hügel dort hinten versinken und dann schlagen die Hirten ihr Nachtlager auf. Lange kann es nicht mehr dauern. Aram gähnt noch einmal.

„Hey, nicht einschlafen, Zwerg! Pass lieber auf Ascher auf!" Das ist Sems Stimme.

Aram schaut sich um und sieht, wie Ascher, der kleine, wilde Schafbock, der nichts als Dummheiten im Sinn hat, schon wieder ausreißen will. Ein Pfiff des Jungen genügt und schon kommt Jamin angejagt und stellt sich Ascher in den Weg. Der Bock macht kehrt und läuft wieder mit der Herde. Pech gehabt, Ascher!, denkt Aram und grinst. Er und Jamin arbeiten einfach richtig gut zusammen.

Jamin gehorcht aufs Wort und er ist unglaublich schnell. Das hat er in den langen Tagen, die die Hirten jetzt schon mit ihrer Herde durch Galiläa in Israel ziehen, immer wieder bewiesen.

Wer von euch weiß, wo Israel liegt?

„Dort vorne", ruft Dan und zeigt auf eine kleine Senke neben dem Weg. „Dort bleiben wir für die Nacht!"

Hurra! Aram freut sich. Bald gibt es etwas zu essen und zu trinken. Und dann können die Hirten sich endlich ein bisschen ausruhen. Doch zuerst ist noch viel zu tun. Alle Schafe müssen in der kleinen Senke zu einem Kreis zusammengetrieben werden. Dann werden die Hunde gefüttert und getränkt. Während die Hunde Wasser schlürfen und fressen, müssen die Hirten dafür sorgen, dass kein Schaf wegläuft. Erst wenn die Hunde satt sind und wieder auf die Herde aufpassen, sind die Menschen an der Reihe.

Aram hilft seinen Brüdern beim Holzsammeln.

Wofür sammeln Aram und seine Brüder Holz? Was meint ihr?

Sie schichten die Zweige und Äste, die sie gefunden haben, zu einem Haufen auf, den Dan entzündet. Aram ist stolz darauf, wie flink sein Vater Feuer machen kann.

Dann geht die Sonne unter und es wird schnell dunkel. Dunkel und kühl. Die Hirten versammeln sich rund um das flackernde Feuer. Brote und Oliven werden herumgereicht.

Als Aram an die Reihe kommt, schnappt er sich eine Handvoll Oliven und bricht ein großes Stück Brot ab. Endlich etwas zu essen! Aram ist sehr hungrig. Sein Magen ist ein einziges großes Loch. Als er satt ist, rollt er sich am Feuer zwischen Joshua und Sem zusammen. Der älteste Hirte erzählt mit leiser Stimme eine uralte Geschichte. Aram lauscht dem Knistern des Feuers und beobachtet, wie die Funken des Lagerfeuers zum Sternenhimmel hinauftanzen. Schön!, denkt er, kurz bevor ihm die Augen zufallen.

Zusammenfassung
Aram ist ein kleiner Hirte, der von seinem Hund Jamin begleitet wird. Gemeinsam mit seinen Brüdern Sem und Joshua, ihrem Vater Dan, den anderen Hirten und Hunden und einer großen Schafherde zieht Aram schon seit vielen Tagen von Weidefläche zu Weidefläche. Aram und Jamin passen auf, dass sich kein Schaf von der Herde entfernt. Am Abend lagern die Hirten mit der Herde in einer kleinen Senke. Am Lagerfeuer schläft Aram müde, aber zufrieden ein.

Räucherhirte

Material:
- selbsthärtende Modelliermasse
- Bleistift
- Plakafarben
- Pinsel
- Klebstoff
- Tonkarton
- Watte
- Schere
- Feuerzeug oder Streichhölzer

Material pro Kind:
- Blumentopf aus Ton mit Loch in der Unterseite (Ø ca. 8 cm)
- Stück Pfeifenputzerdraht (ca. 10 cm)
- Unterteller
- Räucherkegel

So wird's gemacht:
- Zuerst formen die Kinder aus der Modelliermasse eine Kugel (Ø ca. 2,5 cm), die später als Kopf auf die Unterseite des Blumentopfs gesetzt wird.
- Dann stechen sie mit der Spitze des Bleistifts ein Loch etwas unterhalb der Mitte als Mund in die Kugel. Von unten wird nun ein weiteres Loch hineingestochen, bis sich die beiden Löcher zu einer Röhre verbinden, durch die später der Rauch qualmen kann. Anschließend gut trocknen lassen.
- Die Kinder stellen den Tontopf mit der Öffnung nach unten vor sich auf den Tisch und bemalen ihn mit Plakafarben als Körper des Hirten. Dazu wird die Vorderseite des Topfes farbig bemalt, anschließend kann z. B. mit grüner Farbe ein Mantel aufgemalt werden.
- Nun wird die Kugel als Kopf bemalt, mit dem unteren Loch passend auf das Loch des Topfes gesetzt und mit Klebstoff befestigt.
- Der Pfeifenputzerdraht wird zu einem Hirtenstab gebogen und seitlich am Topf angebracht.
- Aus Tonkarton wird ein Hut gestaltet und auf dem Kopf des Hirten festgeklebt.
- Nun den Räucherkegel auf einen Teller stellen und anzünden. Stellt man den Räucherhirten darauf, qualmt er aus dem Mund.

2. Dezember

Der verlorene Schafbock

„Aufwachen!“ Dans Stimme weckt Aram. Erschrocken setzt der Junge sich auf. Was ist passiert? Aram reibt sich die Augen. Schlaftrunken stolpert er zu den Hirten, die aufgeregt durcheinanderreden.

„Weg!“, hört Aram sie rufen. „Schon wieder weg!“ – „Man muss Ascher suchen!“

Aha, Ascher ist wieder einmal verschwunden. Aram pfeift nach Jamin, der sofort angerannt kommt.

„Wir können Ascher suchen, Vater“, sagt Aram und krault seinen Hund. „Jamin und ich!“

Joshua und Sem lachen laut.

„Auf keinen Fall!“, entgegnet Sem und Joshua grinst. „Du bist dafür noch viel zu klein, du Zwerg!“

Dan teilt die Hirten ein. Die meisten müssen mit ihren Hunden bei der Herde bleiben, nur wenige machen sich auf die Suche.

Warum lässt Dan nicht alle Hirten zum Suchen losziehen?

Joshua und Sem dürfen mit ihren Hunden auf die Suche gehen.

„Bitte, Vater“, bettelt Aram. „Lass Jamin und mich auch suchen.“

„Meinetwegen“, sagt Dan. „Lauft los. Vielleicht habt ihr ja Glück.“

Aram nimmt Jamins Kopf in die Hände und blickt in die klugen Hundeaugen. „Such!“, zischt Aram leise. „Such Ascher, such!“

Als Aram ihn loslässt, schüttelt sich Jamin. Dann senkt er die Schnauze und schnüffelt. Es dauert nicht lange und er hat eine Spur gefunden. Kurz schaut der Hund sich nach Aram um. Dann saust er los.

Aram schnappt sich seinen Hirtenstab und folgt Jamin, so schnell er kann. Der Hund jagt davon wie der Wind. Zum Glück bleibt er ab und zu stehen und wendet sich um.

Warum schaut Jamin sich immer wieder um?

Jamin will sich sicher sein, dass Aram ihm auch wirklich folgt.

Nach einer Weile ist Aram außer Atem. Unglaublich, wie ausdauernd Jamin ist. Der Junge schaut sich keuchend um. Weit hinten sieht er die Herde. Er stützt die Hände auf die Knie. Er muss verschnaufen. Als er den Kopf wieder hebt, ist Jamin verschwunden. Oh nein! Wohin ist der Hund gelaufen? Aram pfeift und horcht. Nichts ist zu hören. Jamin ist nicht zu sehen. Wo kann er nur sein?

Plötzlich ertönt lautes Gebell. Es kommt hinter einem Felsbrocken hervor. Aram folgt dem Kläffen. Als er den Stein umrundet, entdeckt er Jamin. Der Hund stemmt die Vorderbeine fest in den Boden und bellt mit gesträubtem Fell den verlorenen Schafbock an, der dort friedlich unter einem Strauch grast.

Als Aram sich den beiden nähert, hebt Ascher den Kopf und schaut erst Jamin und dann den Jungen an. Fast sieht es so aus, als würde der Bock grinsen.

„Gut gemacht, Jamin!“, ruft Aram lachend. Geschafft: Jamin und er haben den wilden Ascher gefunden! So viel zum Thema Zwerg.

Jetzt müssen sie Ascher nur noch zur Herde zurücktreiben. Doch das ist gar nicht so einfach. Der ungestüme Schafbock hat nämlich überhaupt keine Lust, das saftige Gras, das er gefunden hat, stehenzulassen. Jedes Mal, wenn Aram und Jamin ihn ein Stück in die richtige Richtung getrieben haben, büxt er plötzlich aus und versucht zu dem Platz unter dem Strauch zurückzukehren. Es ist zum Verrücktwerden. Aber Jamin gibt nicht auf – und so gelingt es Aram und seinem Hund schließlich, Ascher zurück zur Herde zu treiben.

„Das habt ihr großartig gemacht!“, lobt Dan, als Ascher wieder mit den anderen Schafen vereint ist.

„Nicht schlecht für einen Zwerg“, nickt Joshua und Sem klopft Aram anerkennend auf die Schulter.

Aram lächelt zufrieden und wird ein kleines bisschen rot.

Zusammenfassung
Aram wird am Morgen von einer großen Aufregung im Lager geweckt. Ascher, der kleine Schafbock, ist in der Nacht verschwunden. Arams Vater Dan schickt seine Söhne Sem und Joshua auf die Suche. Er erlaubt auch Aram und Jamin, nach Ascher zu suchen, obwohl Arams Brüder finden, dass er noch viel zu klein dafür ist. Es gelingt Aram und Jamin, den verlorenen Bock zurück zur Herde zu treiben. Dan, Sem und Joshua sind stolz auf Aram und Jamin.

Seilspiel

Material:
- langes Seil

So wird's gemacht:
- Die Kinder legen das Seil in einem großen, geschlossenen Kreis auf den Boden.
- Nun stellen sich nacheinander alle Schüler in den Kreis.
- Alle treten wieder heraus und der Kreis wird verkleinert.
- Jetzt stellen sich wieder alle Kinder nacheinander in den kleineren Kreis.
- Das wird nun mehrmals wiederholt, doch nach und nach wird es immer schwieriger, alle Personen im Feld unterzubringen. Die Kinder müssen sich untereinander absprechen und neue Strategien entwickeln, z. B. sich auf die Schultern nehmen, einhaken und hinauslehnen.
- Die Kinder werden staunen, wie klein der Kreis, in den alle hineinpassen, am Ende ist.

Tipp:
Das Spiel kann mit zwei gleich großen Teams und gleich langen Seilen auch gegeneinander gespielt werden. Durch den Anreiz, am Schluss einen kleineren Kreis als die gegnerische Mannschaft zu haben, ist es noch wichtiger, Absprachen zu treffen und sich aufeinander verlassen zu können.

3. Dezember

Nazareth

Die Hirten ziehen mit ihrer Herde nun schon ziemlich lange durch Galiläa und die Tage vergehen gleichförmig: aufwachen, mit der Herde wandern, einen Lagerplatz finden, Schafe zusammentreiben, Hunde füttern, Feuermachen, am Lagerfeuer den alten Geschichten lauschen, schlafen und alles wieder von vorn. Aram seufzt und tritt einen Stein aus dem Weg.

„Hey, Zwerg!“ Sem legt einen Arm um seinen kleinen Bruder. „Was ist los? Hast du schlechte Laune?“

„Ich finde, es könnte mal wieder was passieren.“ Aram zuckt mit den Schultern. „Ascher könnte ausreißen oder …“

„Dir ist wohl langweilig, was?“, fragt Joshua.

Aram nickt. „Ein bisschen!“

Sem zeigt über die kargen Sandhügel, die mit dürren Olivenbäumen und knorrigen Sträuchern bewachsen sind. „Wir werden heute unser Lager in der Nähe von Nazareth aufschlagen“, sagt er. „Dort bleiben wir ein paar Tage.“

Wer hat schon einmal von Nazareth gehört? Was wisst ihr über diese Stadt?

Joshua nickt. „Da haben wir bestimmt ein wenig Zeit und können uns die Stadt anschauen.“

Nazareth anschauen? Dazu hat Aram auch Lust. Doch bevor er Joshua und Sem fragen kann, ob sie ihn vielleicht mitnehmen, gibt es schon wieder alle Hände voll zu tun mit den Schafen.

Abends am Lagerfeuer kuschelt sich Aram an Dan. „Vater“, murmelt er.

„Hm!“ Dan nickt und legt seinem Sohn einen Arm um die Schultern.

„Darf ich morgen mit Jamin einen Ausflug nach Nazareth machen?“, fragt Aram.

Dan überlegt einen Augenblick. „Warum eigentlich nicht“, sagt er dann. „Du hast dir einen freien Tag wirklich verdient.“

Womit hat Aram sich einen freien Tag verdient?

Am nächsten Morgen wacht Aram schon sehr früh auf. Die anderen Hirten schlafen noch. Aram ist so aufgeregt! Heute hat er den ganzen Tag frei. Heute wird er mit Jamin Nazareth erkunden.

Gleich nach dem Frühstück brechen Aram und Jamin auf. Gemeinsam wandern sie durch die sandige Hügellandschaft, in der nur ab und zu ein alter Olivenbaum seine knorrigen Zweige in den Himmel reckt.

Aram summt vor sich hin und auch Jamin freut sich über die Wanderung. Er rennt immer wieder voraus, schnappt nach Fliegen und versucht die flinken Eidechsen zu fangen, die sich auf den Steinen am Wegrand ausruhen.

Als die Sonne langsam höher steigt, erreichen die beiden eine Anhöhe. Aram bleibt stehen und blickt hinunter ins Tal. Vor ihm liegt, umgeben von einem hufeisenförmigen Hügelzug, eine Stadt. Das muss Nazareth sein! Arams Blick schweift über die würfelförmigen Lehmhäuser, die die Gassen säumen. In die Felsen der Hügel sind Löcher gehauen. Das sind sicher die Eingänge zu den Erdhöhlen, in denen die ärmeren Menschen leben.

Auf den Straßen herrscht reges Treiben. Frauen tragen Körbe und Tongefäße. Männer treiben ihre mit Lasten beladenen Esel und Kamele durch den Ort. Kinder spielen vor den Häusern.

„Komm, Jamin!“, ruft Aram. „Auf nach Nazareth!“

Das lässt sich der Hund nicht zweimal sagen. Kläffend saust er ins Tal hinab. Aram kann ihm kaum folgen.

Zusammenfassung

In der Nähe der Stadt Nazareth machen die Hirten mit ihrer Herde eine längere Rast. Dan erlaubt Aram, mit Jamin einen Ausflug in die Stadt zu machen. Von den Hügeln, die Nazareth umgeben, hat der Junge einen schönen Blick auf die Lehmhäuser und Erdhöhlen und das Treiben in den Gassen.

Murmeln

Material:
- Klebeband, Straßenkreide bzw. Stock
- evtl. kleine Schaufel

Material pro Kind:
- 5 bis 10 Murmeln (oder runde Steine, Kastanien, Münzen)

So wird's gemacht:
- *Zielmurmeln:* Die Kinder markieren die Startlinie des Spielfelds mit einem Klebeband oder mit Straßenkreide. Es bietet sich auch an, im Sand oder im festgeklopften Schnee mit einem Stock eine Linie zu ziehen. Eine möglichst markante Kugel wird gerollt und ist das Ziel. Die Kinder schnipsen ihre Murmeln der Reihe nach in Richtung der Zielmurmel. Derjenige, der mit seiner Murmel am nächsten an diese herankommt, darf alle anderen Murmeln nehmen.
- *Zielmurmeln mit Treffer:* Bei dieser Variante muss die Zielmurmel getroffen werden. Sobald dies einem Mitspieler gelingt, darf er alle anderen Murmeln vom Spielfeld nehmen.
- *Murmeln schießen:* Die Kinder heben eine flache, kreisrunde Fläche im Schnee oder Sand aus und markieren in 2 bis 3 m Abstand von ihr eine Linie. Alle Spieler behalten eine möglichst große Murmel und legen alle anderen in die Mulde. Nun versucht der erste Spieler, mit seiner Murmel die anderen aus der Mulde hinauszuschießen. Schafft er es, darf er die Murmeln nehmen und zu der Stelle gehen, an der jetzt seine große Murmel liegt. Von dort aus versucht er sein Glück erneut, so lange, bis es ihm nicht mehr gelingt, eine Murmel aus der Mulde zu schießen.
- *Grubenmurmeln:* Die Kinder graben im Abstand von ca. 20 cm nebeneinander je eine kleine Grube in den Schnee oder Sand. Nacheinander versuchen sie, ihre Murmeln in ihre Grube zu rollen oder zu werfen. Landet eine Murmel in einer fremden Grube, darf sie der Besitzer der Grube behalten.

4. Dezember

So ein Durst

Als Aram und Jamin die Gassen von Nazareth erreichen, ist der Junge völlig außer Atem. Auch der Hund hechelt durstig. Aram öffnet den ledernen Wasserbeutel, den er an einem Strick um die Hüften trägt. Er will einen tiefen Zug nehmen, doch was ist das? Der Beutel ist leer. Schon? So ein Mist! Auf der Wanderung vom Lagerplatz der Herde nach Nazareth haben Aram und Jamin immer wieder ein bisschen Wasser getrunken, aber dass der Ledersack schon leer ist, das hätte Aram nicht gedacht.

Jamin liegt mit hängender Zunge vor Aram und schaut ihn bettelnd an.

„Tut mir leid, Jamin", sagt der Junge und krault den Hund hinter den Ohren. „Der Beutel ist leer. Wir müssen erst Wasser finden."

Langsam wandern die beiden in die Stadt hinein. Auf den schmalen Straßen ist viel los. Eine Frau ist gestolpert und dabei sind die Oliven, die sie in einem großen Korb zum Markt tragen wollte, in den Straßenstaub gerollt. Ein Mann hält seinen mit Reisigbündeln bepackten Esel an einem Strick fest und schimpft, weil die Frau ihm den Weg versperrt. Flink eilt Aram der Frau zu Hilfe und sammelt gemeinsam mit ihr die grünen Früchte wieder auf.

„Danke!", sagt sie und reicht ihm lächelnd eine Handvoll Oliven.

Wisst ihr, was für Früchte Oliven sind? Wer von euch hat schon einmal Oliven gegessen?

Doch bevor Aram fragen kann, wo der nächste Brunnen ist, drängt sie der Mann mit seinem Esel auseinander und als Aram sich wieder umsieht, ist die Frau mit dem Olivenkorb im Gewühl verschwunden. Er sieht Jamin an und zuckt mit den Schultern. Während Aram im Weitergehen die Oliven knabbert, schaut er sich neugierig um.

Im Eingang einer Felshöhle sitzt ein Mädchen und verkauft frische Feigen.

Was sind Feigen? Hat jemand von euch schon einmal Feigen gegessen?

Aram läuft das Wasser im Mund zusammen. Schade, dass er kein Geld hat. Das Mädchen sieht nett aus und Jamin findet das offenbar auch. Zufrieden lässt er sich von ihr streicheln.

„Ist das dein Hund?", fragt das Mädchen und seine dunklen Augen blitzen.

Aram nickt.

„Der ist aber lieb", sagt das Mädchen und reicht Aram eine Feige. „Die schenk ich dir!"

„Oh, vielen Dank", antwortet Aram höflich und wird rot. Dann fragt er: „Gibt es hier einen Brunnen? Wir sind sehr durstig."

„Natürlich!", lacht das Mädchen und zeigt die Straße hinunter. „Immer der Nase nach."

„Vielen Dank!", ruft Aram nochmals und läuft sofort los. Jetzt können sie bald etwas trinken.

Einmal muss Aram aber noch stehenbleiben. In einer steinernen Mühle setzt ein Kamel einen schweren Mühlstein in Bewegung. Das muss der Junge sich genau ansehen. In einem Loch in der Mitte des Steines steckt eine kräftige Stange. Diese Stange ist mit Stricken und Seilen an einem Geschirr befestigt, welches das Kamel über den Schultern trägt. Das Tier trottet gleichmäßig im Kreis um eine gemauerte Mulde und bewegt so den Mühlstein über die Gerstenkörner, die sich in der Mulde befinden.

Was geschieht mit den Gerstenkörnern unter dem Mühlstein?

So werden die Körner zu feinem Mehl zermahlen. Mehlstaub wirbelt durch die Luft und dringt Aram in Mund und Nase. Das macht seinen Durst nicht besser. Arams Zunge klebt am Gaumen. Jamin winselt ungeduldig.

„Ja, Jamin", sagt Aram. „Jetzt gehen wir zum Brunnen."

Mittlerweile steht die Sonne höher am Himmel und es wird immer heißer. Aram schwitzt. Er wischt sich den Schweiß von der Stirn und schaut sich um. Ein Brunnen ist noch nicht zu sehen. Hoffentlich laufen sie wirklich in die richtige Richtung.

Plötzlich entdeckt er zwei junge Frauen, die lachend und schwatzend nebeneinanderlaufen. Jede von ihnen trägt einen leeren Tonkrug auf dem Kopf.

Aram grinst. Die beiden wollen ganz sicher zum Brunnen. „Bald gibt es Wasser! Komm, Jamin!", ruft Aram und folgt den Frauen.

Zusammenfassung

Aram und Jamin laufen durch Nazareth. Leider ist Arams Wasserbeutel leer und die beiden sind sehr durstig. Sie suchen einen Brunnen. Auf den Straßen ist viel los. Aram hilft einer Frau beim Aufsammeln der Oliven, die sie verschüttet hat. Er beobachtet das Treiben in den Gassen und trifft ein Mädchen, das ihm eine Feige schenkt und den Weg zum nächsten Brunnen zeigt.

Landestypische Köstlichkeiten

Material:
- orientalische Gewürze und Kräuter, z. B. Kreuzkümmel, frischer und getrockneter Koriander, Minze, Knoblauch, Zwiebeln, Gelbwurz, schwarzer Pfeffer, Kardamom, frische grüne Chilischoten
- landestypisches Obst aus Israel, z. B. Datteln, Feigen, Oliven, Avocados, Mangos, Artischocken, Zitrusfrüchte, Kiwis, Granatäpfel, Papayas
- Gerichte aus der modernen israelischen Küche, z. B. Kebab, Humus, Falafel, würzige Salate, Pitabrot
- israelische Nachspeisen, z. B. Dattel-Bananen-Salat, „Arme Ritter" mit Zimt, Baklava

Material pro Kind:
- Besteck
- Geschirr

So wird's gemacht:
- Informieren Sie die Kinder, dass es keine eigene israelische Küche gibt. Die Menschen kochen so wie ihre Vorfahren, die aus über 80 Ländern eingewandert sind und ihre einheimischen Gerichte mit nach Israel gebracht haben.
- Viele Speisen wurden bereits in der Bibel erwähnt und spielen bis heute eine wichtige Rolle. Wichtig sind die Brotarten, die ausschließlich aus Weizen, Hirse, Roggen und Gerste bestehen und keinen Sauerteig enthalten. Das runde Rosh-Ha-Shanah-Brot steht für Glück, das Shabbat-Brot gehört obligatorisch zu den Festtagen, die Größe der Challah-Brote (Rezept siehe S. 39) hängt vom jeweiligen Feiertag ab. Pitabrot aus Weizenmehl, Salz, Hefe und etwas Öl wird oft als Beilage serviert.
- Bitten Sie die Kinder, frisches Obst und Oliven (frisch und eingelegt) mitzubringen. Bestimmt finden sich einige Eltern, die gern die eine oder andere Speise für die Klasse vorbereiten, sodass alle davon probieren können.
- Sprechen Sie mit den Kindern über die Gewürze, Kräuter, Obstsorten und Gerichte und bereiten Sie daraus anschließend eine gemeinsame Mahlzeit zu.

5. Dezember

Wasser für Aram und Jamin

Etwas außerhalb der Stadt liegt der Brunnen, zu dem die beiden jungen Frauen mit ihren Tonkrügen gehen. Schon von Weitem sieht Aram, dass dort viele Frauen in einer langen Reihe darauf warten, Wasser zu schöpfen. Auch Jamin hat das Wasser gerochen.

„Halt, Jamin!", ruft Aram, als der Hund an den Wartenden vorbeisaust und sich an den Brunnen drängen will.

„Verschwinde!", keift eine der Frauen.

„Pass auf deinen Hund auf!", schimpft eine andere. „Ihr müsst warten. Wie wir alle!"

„Genau! Stell dich hinten an und halt den Köter fest!" Die Frauen sind sehr verärgert.

Mit Mühe hält Aram Jamin fest und stellt sich ans Ende der Schlange. Eine junge Frau bleibt neben Aram stehen. Sie hat ihren Krug gerade am Brunnen gefüllt.

„Ihr seid ziemlich durstig, nicht wahr?", fragt sie. Aram nickt.

„Gib mir deinen Lederbeutel." Die Frau lächelt und gießt frisches Wasser in Arams Wassersack. Dann schüttet sie etwas Wasser in eine kleine Felsenmulde. Durstig stürzt sich Jamin darauf. In Windeseile hat er das Wasser aufgeschleckt.

Aram nimmt einen großen Schluck aus dem Beutel. Das schmeckt! Er wusste gar nicht mehr, wie gut frisches Wasser ist.

„Vielen Dank", sagt er und beschließt, dass es höflicher ist, sich vorzustellen. „Ich heiße Aram und das ist Jamin", fügt er hinzu.

„Das freut mich", sagt die junge Frau und streichelt den Hund. „Ich bin Maria."

Aram hat gleich gesehen, dass Maria schwanger ist.

Was bedeutet „sie ist schwanger"? Woran erkennt Aram, dass Maria schwanger ist?

Die junge Frau hat nämlich einen ziemlich dicken Bauch.

„Dauert es noch lange, bis dein Kind geboren wird?", fragt Aram.

Maria schüttelt lächelnd den Kopf. „Komm, wir setzen uns dort in den Schatten." Sie zeigt auf einen Olivenbaum. „Und ich erzähle dir von meinem Baby. Es ist nämlich ein ganz besonderes Baby."

Aram grinst. Ein besonderes Baby? Das denkt bestimmt jede Mutter von ihrem Kind.

Ist Marias Baby tatsächlich ein besonderes Baby? Wisst ihr etwas über Marias Kind?

Als Aram, Jamin und Maria es sich im Schatten des alten Olivenbaums gemütlich gemacht haben, beginnt Maria zu erzählen. „Es wird nicht mehr lange dauern, bis das Kind geboren wird", sagt sie. „Zwei oder drei Wochen."

„Und warum ist es so besonders?", will Aram wissen.

„Weil der Engel es mir gesagt hat", sagt Maria ernst.

Aram hält die Luft an. „Ein Engel hat mit dir gesprochen? Ein echter Engel?", fragt er gespannt.

Maria nickt und spricht: „Der Engel kam zu mir und sagte: ‚Sei gegrüßt! Der Herr ist mit dir!' Und als der Engel sah, dass ich sehr erschrocken war, da rief er: ‚Fürchte dich nicht! Du hast Gnade bei Gott gefunden.' Und dann erzählte er mir etwas ganz Wunderbares. Er sprach: ‚Siehe, du wirst schwanger werden und einen Sohn gebären, und du sollst ihm den Namen Jesus geben. Der wird groß sein und Gottes Sohn genannt werden.' Und dann sagte er noch: ‚Er wird der Retter der Welt sein, auf den die Menschen schon so lange warten.'"

Maria schweigt einen Augenblick. Dann schaut sie Aram an und fügt hinzu: „Das werde ich nie vergessen!"

„Das verstehe ich gut." Aram ist beeindruckt. Ein echter Engel! Was für ein Wunder!

„Aber jetzt muss ich zurück in die Stadt", sagt Maria.

Aram springt sofort auf. „Ich begleite dich", ruft er, „und trage deinen Wasserkrug!"

Langsam gehen sie wieder in die Stadt. Jamin tollt vor ihnen durch den Staub. Er weiß nichts von Engeln und Jesus. Ihn interessieren nur Eidechsen und Fliegen.

Zusammenfassung
Als Aram und Jamin den Brunnen erreichen, rennt der Hund an der Schlange der wartenden Frauen vorbei. Diese sind sehr verärgert, doch eine junge Frau kommt zu den beiden und gibt ihnen Wasser aus ihrem Krug. Sie heißt Maria und sie ist schwanger. Sie erzählt Aram, dass ein Engel sie besucht hat und ihr verkündet hat, dass ihr Baby Gottes Sohn ist. Aram ist davon sehr beeindruckt.

Rezept: Kinderpunsch

Zutaten für ca. 20 Kinder:

- 2 Liter Früchtetee
- 1 Liter Apfelsaft
- 1 Liter Traubensaft
- 5 Nelken
- 2 Stangen Zimt
- 1 Zitrone
- 2 Orangen
- Rohrzucker oder Honig

So wird's gemacht:

- Den Tee in einem großen Topf kochen und zehn Minuten ziehen lassen.
- Apfelsaft, Traubensaft, Nelken und Zimtstangen hinzufügen.
- Die Schale der Zitrone und der Orangen fein abreiben und in den Topf geben.
- Die Zitronen und die Orangen auspressen und den Saft hinzufügen.
- Alles aufkochen und zehn Minuten köcheln lassen.
- Den Punsch durch ein Sieb schütten und nach Belieben mit Rohrzucker oder Honig süßen.
- Warm genießen!

6. Dezember

Der Herold des Kaisers

Fröhlich plaudernd geht Aram mit dem schweren Wasserkrug neben Maria in die Stadt Nazareth zurück. Vor dem Eingang zu einer der einfachen Erdhöhlen bleibt Maria stehen.

„Hier wohne ich", erklärt sie und nimmt dem Jungen den Krug ab. „Danke fürs Tragen."

Als Aram sich von Maria verabschieden will, tritt ein Mann aus der Höhle. Als er Maria sieht, lächelt er.

„Komm, Maria, gib mir den schweren Krug", sagt er und schaut den kleinen Hirten fragend an. Jamin steht dicht neben Aram und wedelt aufgeregt mit dem Schwanz.

„Das ist Josef, mein Verlobter. Er ist Zimmermann von Beruf", erklärt Maria. Dann zeigt sie auf Aram und seinen Hund. „Und das sind Aram, der kleine Hirte, und sein Hund Jamin. Wir haben uns am Brunnen kennengelernt."

Josef lächelt freundlich und will gerade etwas sagen, als lautes Rufen ertönt.

„Kommt alle und hört, was Kaiser Augustus euch zu sagen hat!", klingt eine tiefe Stimme durch die Gassen. „Hört auf die Botschaft unseres Kaisers!"

Aus allen Lehmhäusern und Erdhöhlen strömen Leute auf die Straßen. Neugierig bestaunen sie den Herold des Kaisers.

Wer von euch weiß, was ein Herold ist?

„Das ist ein Bote unseres Kaisers! Der Kaiser lässt uns durch ihn seine Wünsche und Befehle bekanntmachen", erklärt Josef. Er stellt den Wasserkrug vor dem Höhleneingang ab und zieht Maria mit sich auf die Straße. „Was der Kaiser uns wohl sagen will?"

Aram weiß, dass Galiläa ein besetztes Gebiet ist und von dem römischen Kaiser Augustus regiert wird. Die Soldaten des Kaisers sind überall zu sehen. Sie bewachen die Landstraßen und marschieren durch die Städte und Dörfer. Sie kontrollieren alles. Aber einen kaiserlichen Herold hat der Junge noch nie gesehen.

Neugierig drängt er sich zwischen die Leute, um einen Blick auf ihn zu erhaschen. Jamin folgt Aram auf dem Fuß.

„Hört, was Kaiser Augustus, euer Herr und Herrscher, euch zu sagen hat!", ruft der Herold und die Menschen lauschen gebannt. „Ein jeder von euch muss in den Ort gehen, in dem er geboren wurde. Dort muss er sich in die kaiserlichen Listen eintragen lassen, denn Augustus will sein Volk zählen."

„Warum will der Kaiser denn die Menschen zählen?" Aram dreht sich zu Josef um.

Josef seufzt. „Der Kaiser will wissen, wie viele Untertanen er hat. Von diesen Menschen wird er nämlich Steuern verlangen."

Wer weiß, was Steuern sind?

„Steuern?", fragt Aram. „Bedeutet das, dass der Kaiser Geld eintreiben will?"

Josef nickt und erklärt: „Alle Bürger müssen einen Teil ihres Einkommens an den Kaiser abgeben. Davon, so heißt es, bezahlt er zum Beispiel den Ausbau unserer Straßen – angeblich."

Aram sieht an Josefs Gesichtsausdruck, dass er nicht daran glaubt. „Oh", sagt Aram. „Dann müssen sich ja auch mein Vater und die anderen Hirten zählen lassen. Wir stammen alle aus Hebron. Es ist ein weiter Weg bis dorthin. Wir sind schon lange mit unserer Herde unterwegs."

Josef sieht auch nicht sehr zufrieden aus. Auf seiner Stirn wächst eine tiefe Sorgenfalte. Liebevoll legt er einen Arm um Marias Schultern und führt sie zurück zum Eingang der Erdhöhle. Dabei seufzt er mehrmals tief.

„Ihr kommt doch sicher aus Nazareth?", fragt Aram neugierig.

„Leider nein", erwidert Josef und seufzt ein weiteres Mal. „Meine Familie stammt aus Beth-

lehem und dort wurde auch ich geboren. Also müssen wir dorthin reisen."

„Das ist richtig weit von hier", sagt Aram erschrocken, denn er weiß, wo diese Stadt liegt. Als sie vor vielen Wochen mit ihrer Herde in Hebron aufgebrochen sind, sind sie nämlich auch an Bethlehem vorbeigekommen.

Zusammenfassung
Wieder zurück in Nazareth, lernen Aram und Jamin Marias Verlobten, den Zimmermann Josef, kennen. Während die vier sich miteinander unterhalten, ertönt das Rufen eines kaiserlichen Herolds durch die Straßen. Alle Menschen sind gespannt, was der römische Kaiser Augustus seinen Untertanen mitzuteilen hat: Jeder Bewohner des Landes muss an den Ort gehen, an dem er geboren wurde, um sich dort zählen zu lassen, damit Augustus seine Steuern eintreiben kann. Josef muss mit Maria nach Bethlehem gehen, denn dort wurde er geboren.

Informationen zu Israel und zur hebräischen Sprache

Der Staat Israel liegt zwischen Asien und Afrika und grenzt an den Libanon, Syrien, Jordanien, das Westjordanland, Ägypten und den Gazastreifen. Im Westen grenzt Israel an das Mittelmeer und im Süden an das Rote Meer. Die Hauptstadt Israels ist Jerusalem. Seit der erstmaligen Erwähnung Israels um 1000 v. Chr. litt das Land bis heute unter zahlreichen Kriegen.

Zur Zeit von Christi Geburt stand Israel unter römischer Herrschaft. Der jüdische Aufstand gegen die Römer wurde niedergeschlagen und die Juden verteilten sich über die ganze Welt. Das Land hieß daraufhin Palästina und dort wohnten überwiegend Araber.

Seit Anfang des 20. Jahrhunderts gibt es in dieser Region den sogenannten Nahostkonflikt, der zwischen Juden und Arabern entstand und heute von Israelis und Palästinensern ausgetragen wird. Am 14. 5. 1948 wurde der Staat Israel gegründet. Heute besteht die israelische Bevölkerung zu ca. 75 % aus Juden und zu ca. 21 % aus Arabern.

Die hebräische Sprache ist ungefähr 3200 Jahre alt und damit eine der ältesten Sprachen der Welt. Sie weist einige signifikante Unterschiede gegenüber der deutschen Sprache auf: Die hebräische Schrift ist eine Konsonantenschrift und besteht aus Schriftzeichen, die von rechts nach links geschrieben und gelesen und nicht in Groß- und Kleinschreibung unterschieden werden. Die hebräische Sprache durchlief mehrere Entwicklungsstufen. Das berühmteste Werk, das auf Althebräisch verfasst wurde, ist die jüdische Bibel. Das moderne Hebräisch, „Iwrit" genannt, ist neben Arabisch die Amtssprache Israels.

7. Dezember

Der Befehl des Kaisers

Während der kaiserliche Herold weiter durch die Gassen von Nazareth zieht und laut rufend den Willen des Kaisers verkündet, gehen Josef und Maria zurück zu ihrer Wohnung. Josef lässt Kopf und Schultern hängen. Er sieht sehr besorgt aus. Jamin scheint Josefs Kummer zu bemerken. Der Hund versucht, den traurigen Zimmermann aufzuheitern. Er bellt fröhlich und springt an Josefs Beinen hoch. Er macht sogar Männchen, doch all seine Bemühungen muntern Marias Mann nicht auf.

Vor dem Höhleneingang hockt Josef sich schließlich in den Staub. Maria füllt ein wenig frisches Wasser in einen kleinen Tonkrug und reicht es ihm. Auch Aram und Jamin bekommen etwas zu trinken.

„Was werdet ihr jetzt machen?“, fragt Aram vorsichtig.

Warum ist Josef so sorgenvoll und traurig?

„Es hilft alles nichts“, antwortet Josef. „Wir werden nach Bethlehem reisen. Dem Befehl des Kaisers muss man gehorchen.“

Aram betrachtet Maria und ihren dicken Bauch. „Wie lang wird so eine Reise denn dauern?“, will der Hirtenjunge wissen.

Josef seufzt. „Wir müssen zu Fuß gehen. Das dauert gewöhnlich acht bis zehn Tage“, sagt er und schaut seine Frau an. „Aber wir werden sicher viel länger brauchen, denn Maria ist ja durch die Schwangerschaft ein wenig langsam und schwerfällig geworden.“

Aram erschrickt. „Aber das geht doch nicht! Maria darf nicht nach Bethlehem wandern. Stell dir nur vor, wenn das Baby unterwegs kommt! Das ist viel zu gefährlich!“, ruft er. „Du kannst Maria auch nicht allein in Nazareth lassen! Wenn das Baby geboren wird, braucht sie deine Hilfe!“

Josef stützt den Kopf in die Hände und starrt auf den Boden. Jamin legt sich vor seine Füße und schaut mit treuen Hundeaugen in Josefs trauriges Gesicht.

Nach einer Weile hebt Josef den Kopf und seufzt: „Ich weiß nicht, was ich tun soll, Maria. Die Reise ist viel zu beschwerlich für dich. Aber wenn der Kaiser etwas befiehlt, hat man keine Wahl.“

Maria lächelt. „Natürlich werden wir nach Bethlehem gehen. Mach dir keine Sorgen um mich und das Baby. Ich bin mir ganz sicher, dass uns nichts geschehen wird.“

„Da kannst du dir aber nicht sicher sein!“, ruft Aram aufgeregt und Josef nickt. „So eine lange Reise ist gefährlich!“ Jamin bellt laut. Bestimmt findet er, dass Aram recht hat.

Maria aber schüttelt den Kopf und sagt: „Ihr wisst doch, dass mein Kind ein ganz besonderes Kind ist. Habt ihr denn vergessen, was der Engel Gabriel zu mir gesagt hat?“

Was hat der Engel Maria verkündet? Wer erinnert sich daran?

Aram überlegt einen Augenblick und ruft dann: „Der Engel hat dir gesagt, dass dein Kind Gottes Sohn ist und dass es der Retter der Welt sein wird, auf den die Menschen schon so lange warten.“

Maria nickt. Sie legt Josef eine Hand auf die Schulter und fragt: „Josef, glaubst du wirklich, dass Gott zulassen wird, dass seinem eigenen Sohn etwas geschieht?“

Josef hebt den Kopf und schaut seine Frau an. Ein kleines Lächeln huscht über sein Gesicht. „Du hast recht“, murmelt er und steht auf. „Gott wird das Kind beschützen. Er wird uns nicht verlassen.“

„Ja“, sagt Maria. „Wir können dem Befehl des Kaisers gehorchen und nach Bethlehem reisen. Mit Gottes Hilfe werden wir die Reise gut überstehen.“

Zusammenfassung
Josef ist voller Sorgen. Er weiß, dass er dem Befehl des Kaisers Folge leisten muss, aber fürchtet zugleich, dass der lange Fußmarsch nach Bethlehem für die hochschwangere Maria und das ungeborene Kind zu gefährlich ist. Doch Maria ist sich sicher, dass Gott sein eigenes Kind beschützen wird. So ist schließlich auch Josef davon überzeugt, dass sie nach Bethlehem reisen können.

Eine „Geheimschrift“: Hebräisch

Die beiden Kopiervorlagen zur hebräischen Schrift sollen den Schülern einen Eindruck davon vermitteln, dass es Sprachen gibt, die nach einem völlig anderen System funktionieren als die deutsche. Ein wichtiger Unterschied besteht darin, dass das Hebräische prinzipiell ohne eindeutige Selbstlaute in der geschriebenen Sprache funktioniert. Es gibt jedoch einige Schriftzeichen, die die Funktion von Selbstlauten übernehmen können, auf die hier aber nicht näher eingegangen werden kann. Das Ziel ist kein Sprachkurs, da die hebräische Sprache sehr kompliziert ist und noch viele weitere Besonderheiten aufweist, die hier nicht aufgeführt werden können.

Material:
- eine Publikation mit hebräischen Schriftzeichen, z. B. Tageszeitung

Material pro Kind:
- Kopien der Vorlagen von den Seiten 54 und 55

So wird's gemacht:
- Lesen Sie den Infotext zu Israel und zur hebräischen Sprache (siehe S. 17) und sprechen Sie mit den Schülern darüber. Vielleicht haben sie schon öfter in den Nachrichten von Israel und der aktuellen politischen Lage gehört?
- Zeigen Sie den Kindern das Schriftstück mit hebräischen Schriftzeichen und besprechen Sie die Besonderheiten, die ihnen auffallen.
- Auf Seite 54 geht es zunächst nur um die Unterschiede der hebräischen Schrift im Vergleich zur deutschen, ohne dass dabei auf die hebräischen Schriftzeichen eingegangen wird: keine eindeutigen Selbstlaute, Schreibung von rechts nach links.
- Die Seite 55 bietet sich als Differenzierungsmöglichkeit für leistungsstarke Schüler an. Hier schreiben die Kinder die hebräischen Schriftzeichen ab und entschlüsseln anschließend mehrere Wörter.

Tipps:
- Die Schüler können selbstgewählte Wörter nach dem gleichen Prinzip verschlüsseln und untereinander austauschen. Bieten Sie z. B. folgende Wörter an: Kerze, Glocke, Advent, Dezember, Wunschzettel.
- Als zusätzliche Aufgabe versuchen die Kinder, ihren eigenen Namen mit hebräischen Schriftzeichen zu schreiben. Dazu gehen sie folgendermaßen vor: den eigenen Namen schreiben – den Namen von rechts nach links schreiben (Laute wie sch oder ch bleiben zusammen!) – die Vokale weglassen – die Buchstaben bzw. Laute durch die hebräischen Schriftzeichen ersetzen.

8. Dezember

Der Aufbruch

Josefs Sorgen sind auf einmal wie weggeblasen. „Ich finde, wir sollten so schnell wie möglich nach Bethlehem aufbrechen. Maria, fang doch schon einmal an zu packen. Ich hole Mosche", verkündet er, springt auf und läuft die Straße hinunter.

Aram schaut dem Zimmermann verdutzt nach. „Wohin will er denn so plötzlich?", fragt er Maria, während Jamin Josef fröhlich kläffend folgt. „Und wer ist Mosche?"

Wer hat eine Idee, wen Josef holen will?

„Mosche heißt unser Esel", antwortet Maria lachend. „Er steht in einem Stall am Ende der Straße."

„Ach so", sagt Aram und fügt hinzu: „Soll ich dir beim Packen helfen? Ich kann die schweren Sachen vor die Höhle tragen."

Maria kann ein bisschen Hilfe gut gebrauchen und so trägt Aram einen gefüllten Wassersack, einen Beutel mit Brot und zwei warme Decken aus der Höhle. Maria verschwindet kurz in der Höhle und kommt mit einer hölzernen Kiste zurück. Sie kramt einen kräftigen Strick und ein kleines Bündel heraus.

„Was ist denn in dem Bündel?", fragt der Junge neugierig.

„Windeln und Tücher für unser Baby", erklärt Maria.

In diesem Moment ertönt lautes Eselsgeschrei: „Iaaaaah! Iaaaaah!"

„Oh!", seufzt Maria. „Mosche scheint wieder einmal sehr eigensinnig zu sein."

„Ich schau mal, ob ich Josef helfen kann", ruft Aram und läuft die Straße hinunter.

Schon von Weitem sieht er Josef und Mosche. Jamin tollt aufgeregt um die beiden herum. Josef zieht und zerrt an dem Führstrick des Esels, der die Beine fest in die Erde stemmt und sich nicht vom Fleck rührt.

„Willst du wohl mitkommen, du störrisches Tier?", schimpft Josef, aber alles Schimpfen nützt nichts. Mosche hat keine Lust, auch nur einen Schritt zu machen.

Aram schaut sich um und entdeckt ein wenig saftiges Gras am Wegrand.

Was wird Aram wohl mit dem Gras machen?

Flink reißt Aram das Büschel aus, läuft zum Esel und hält es ihm vors Maul. Als Mosche nach dem Leckerbissen schnappen will, macht Aram einen Schritt rückwärts. Der Esel reckt den Hals. Da er das Gras nicht erreichen kann, setzt er sich langsam in Bewegung. Schritt für Schritt lockt Aram Mosche so zum Eingang der Felsenhöhle. Erst dort darf Mosche das Gras fressen.

„Danke!" Josef klopft dem Jungen auf die Schulter. „Das war ein sehr hilfreicher Trick!"

Während Maria und Josef den Esel mit ihrem Gepäck beladen, schaut Aram sich um. Wo ist Jamin? Eben hat er den Hund noch bei Mosche und Josef gesehen und jetzt ist er verschwunden. Aram pfeift.

Erschrocken stellt Mosche die Ohren auf. Auch Maria und Josef schauen Aram an. Jamin aber bleibt verschwunden.

„Ich muss Jamin suchen", ruft Aram und läuft die Gasse hinunter. In der Nähe von Mosches Stall entdeckt Aram seinen Hund. Jamin wühlt und scharrt wild in der Erde. Erdklumpen und Steine fliegen durch die Luft.

„Was buddelst du denn da aus?", fragt Aram außer Atem. Jamin antwortet natürlich nicht, aber Aram kann schon sehen, was sein Hund gefunden hat: einen alten Knochen.

Ohne sich um Aram zu kümmern, packt Jamin den Knochen mit den Zähnen und rennt zurück zur Felsenhöhle. Dort bleibt er vor Maria stehen und legt ihr sein Geschenk schwanzwedelnd vor die Füße.

„Igitt!“, ruft Josef, aber bevor er den Knochen aufheben und wegwerfen kann, bückt sich Maria.

Sie streichelt Jamin und sagt leise: „Was für ein schönes Abschiedsgeschenk! Vielen Dank!“ Und dann nimmt sie den Knochen, wischt die Erde ab und schiebt ihn unter den Strick, mit dem Josef das Gepäck auf Mosches Rücken festgezurrt hat.

Zusammenfassung
Josef und Maria wollen sofort nach Bethlehem aufbrechen. Während Aram Maria beim Packen hilft, will Josef den Esel Mosche aus dem Stall holen. Doch das störrische Tier bewegt sich nicht vom Fleck. Zum Glück gelingt es Aram, den Esel mit ein wenig Gras zur Felsenhöhle zu locken. Als alles auf dem Esel festgezurrt ist, bringt Jamin noch ein Abschiedsgeschenk für Maria – einen alten Knochen.

Suchbild

Material pro Kind:
- Kopie der Vorlage von Seite 56
- Bleistift
- Farbstifte

So wird's gemacht:
- Die Kinder vergleichen das obere Bild mit dem unteren und kreisen im unteren sechs Unterschiede ein.
- Dann malen die Kinder das obere Bild farbig aus.

Lösung:

9. Dezember

Die Herde zieht weiter

Nachdem Maria und Josef alle Vorbereitungen für die Reise nach Bethlehem getroffen haben, rollt Josef mit Arams Hilfe einen großen Felsstein vor den Eingang der Erdhöhle. Jetzt ist die Behausung gut verschlossen und Maria und Josef können sich getrost auf den weiten Weg nach Bethlehem begeben.

Aram winkt zum Abschied, solange er den Esel und die beiden Wanderer sehen kann. Hoffentlich übersteht Maria die beschwerliche Reise gut!

Als Mosche, Maria und Josef nur noch drei kleine Pünktchen am Horizont sind, wendet sich der Junge Jamin zu. „Los geht's!", ruft er. „Wir müssen zurück zur Herde!"

Jamin freut sich, dass er nun wieder durch die Gegend rennen und jagen kann. Fröhlich kläffend saust er vor Aram die Hügel hinauf, die Nazareth umgeben.

Der Rückweg scheint viel kürzer zu sein als der Hinweg. Aram kann es kaum erwarten, den anderen Hirten und vor allem seinem Vater und seinen Brüdern von Maria und Josef, ihrem besonderen Baby und von dem kaiserlichen Herold zu erzählen.

Es ist früher Abend, als der kleine Hirtenjunge mit seinem Hund den Lagerplatz der Herde erreicht. Während Jamin sich sofort den anderen Hunden anschließt, die unermüdlich die große Herde bewachen, läuft Aram zu Dan und den übrigen Hirten. Obwohl er sehr hungrig ist, muss er zuallererst erzählen, was er in der Stadt erlebt hat.

„Vater! Sem! Joshua!", ruft er aufgeregt. „Ich habe einen Herold gesehen! Ein echter Engel war bei Maria und Gottes Sohn wird bald geboren!"

„Was ist los?" Dan hat kein Wort verstanden.

„Herold? Engel?" Joshua tippt sich mit dem Finger an die Stirn.

„Gottes Sohn? Ich glaube, Aram hat einen Sonnenstich – oder Fieber", sagt Sem und legt eine Hand auf Arams Stirn.

Aram holt tief Luft und ruft: „Ich bin nicht krank und ich hab auch keinen Sonnenstich!" Und dann erzählt er alles, was er in Nazareth erlebt hat.

Was erzählt Aram seinen Brüdern und den anderen Hirten?

Aram berichtet von Marias besonderem Kind, das Gottes Sohn ist und die Menschen retten wird. Er erzählt von dem echten Engel, der Maria besucht hat, und von dem Befehl des Kaisers, den der kaiserliche Herold verkündet hat.

Dan runzelt die Stirn. „Kaiser Augustus will alle Menschen zählen, die in Galiläa leben?", fragt er. „Dann müssen wir uns auch sofort auf den Weg nach Hause machen."

Aram nickt und fügt hinzu: „Josef und Maria sind schon unterwegs nach Bethlehem, dort wurde Josef nämlich geboren."

„Oh", murmelt Dan nachdenklich. „Dann wird in der nächsten Zeit auf den Straßen und Wegen allerhand los sein. Ich glaube, wir sollten mit der Herde morgen früh sehr zeitig Richtung Hebron aufbrechen."

Weshalb will Dan mit der großen Herde am nächsten Morgen sehr zeitig aufbrechen?

„Warum das denn?", wundert sich Sem. „Ich bin noch gar nicht in Nazareth gewesen. Ich wollte mir die Stadt morgen früh ansehen."

Aram grinst. „Du hast wohl zu lange geschlafen, was? Ich habe reichlich Zeit in der Stadt verbracht."

„Hört auf damit!", unterbricht sie Dan. „Kümmert euch um die Herde und legt euch bald zum Schlafen hin. Wir brechen morgen noch vor

Sonnenaufgang auf. Dann können wir eine gute Strecke zurücklegen, bevor hier alle Straßen vollkommen überfüllt sind."

Was Dan anordnet, wird gemacht. Es dauert nicht lange und die Herde ist versorgt. Aram verschlingt noch schnell ein großes Stück Brot und so viele Oliven, wie er nur essen kann, und kuschelt sich dann mit seiner Decke ans Lagerfeuer.

Zusammenfassung
Aram winkt Maria, Josef und Mosche zum Abschied und kehrt dann mit Jamin zur Herde zurück. Dort erzählt er seinem Vater und den anderen Hirten von allem, was er in Nazareth erlebt und erfahren hat. Als Dan von der Volkszählung des Kaisers hört, beschließt er, mit der Herde am nächsten Morgen in aller Frühe in Richtung Hebron aufzubrechen, bevor die Straßen überfüllt sind.

Rezept: Mandel-Dattel-Makronen

Zutaten für 50 Stück:
- 2 Eiweiß
- 250 g Puderzucker
- 100 g Mandelstifte
- 100 g Datteln
- Schale einer halben Zitrone
- 50 Oblaten (Ø 4 cm)

So wird's gemacht:
- Den Backofen auf 100 °C vorheizen.
- Zuerst werden die Eiweiße steif geschlagen.
- Dann geben die Kinder den Puderzucker dazu und heben ihn vorsichtig unter.
- Die Schale der halben Zitrone fein abreiben und dazugeben.
- Die Datteln entkernen und in möglichst kleine Stücke schneiden.
- Nun noch Mandelstifte und Datteln hinzufügen und alles vorsichtig vermischen.
- Die Oblaten in Reihen auf ein mit Backpapier belegtes Backblech legen. Mit zwei kleinen Teelöffeln kleine Portionen der Eiweißmischung auf die Oblaten setzen.
- Im Backofen ca. 20 Minuten vorsichtig backen und dann abkühlen lassen.

10. Dezember

Die wilde Jagd

Im Morgengrauen weckt Dan die Hirten. Nach einem schnellen Frühstück geht es los. Die Schafe freuen sich über den Aufbruch. Sie laufen durcheinander und blöken aufgeregt. Hirten und Hunde haben große Mühe, die Herde zusammenzuhalten.

Besonders der ungestüme Ascher will ständig ausreißen. Zum Glück behält Aram den wilden Bock immer im Blick und auch Jamin lässt den Frechdachs zunächst nicht aus den Augen. Doch plötzlich bleibt der Hund stehen. Witternd hebt er die Schnauze.

„Was ist los?“, fragt Aram und passt gleichzeitig auf, dass Ascher sich nicht schon wieder davonmacht. Als Aram aufschaut, sieht er gerade noch, wie Jamin sich in großen Sätzen von der Herde entfernt. Vor dem Hund saust ein langohriges, braunes Etwas im Zickzack über die Ebene.

Was hat der Hund entdeckt?

„Halt! Hiergeblieben! Komm sofort zurück!“, schimpft Aram, doch der sonst so folgsame Hund gehorcht nicht. Das Kaninchen, das er in wilder Jagd verfolgt, ist einfach zu interessant.

„Ich hole Jamin!“, ruft Aram Dan zu und rennt hinter seinem Hund her.

Da hat das Kaninchen seinen Bau schon erreicht. Wie der Blitz verschwindet es in einem Erdtunnel. Kläffend kommt Jamin am Höhleneingang an und versucht seinem Opfer zu folgen. Doch der Hund ist zu groß. Nur seine Schnauze passt in das enge Loch. Das Kaninchen hat noch einmal Glück gehabt.

Wütend erreicht Aram den Hund. „Bist du verrückt?“, schreit er. „Ein Hirtenhund, der die Herde verlässt? Bloß weil ein Kaninchen vorbeirennt?“

Mit gesenktem Kopf trottet Jamin zu dem Jungen. Wie ein Häuflein Elend sieht er aus.

Arams Wut ist blitzschnell verflogen. Er kann seinem Hund nicht lange böse sein. „Mach das nicht wieder“, sagt Aram, bevor die beiden zur Herde zurückkehren.

Den Rest den Tages über ist Jamin besonders brav, als ob er etwas wiedergutmachen will. Aufmerksam bewacht er die Herde und gibt Aram keinen Grund, unzufrieden zu sein.

Gegen Abend erreichen die Hirten einen Brunnen auf einer Anhöhe.

„Hier werden wir heute Nacht rasten“, ruft Dan und schickt seine Söhne zum Holz sammeln.

Als die Hunde wie jeden Abend versorgt sind, versammeln sich die Hirten um das flackernde Feuer.

Aram freut sich schon sehr auf das Abendessen, als er einen vertrauten Schatten sieht, der sich von der Herde entfernt.

„Oh nein!“, seufzt der Junge. „Nicht schon wieder eine Kaninchenjagd!“

Der Schatten, der dort hinter den Büschen verschwindet, ist nämlich Jamin. Blitzschnell springt Aram auf und folgt seinem Hund. Jamin läuft schnüffelnd einen schmalen Weg entlang. Unter einem knorrigen Olivenbaum erkennt Aram einen Esel und zwei Menschen. Als der Junge sieht, wie Jamin schwanzwedelnd bei den beiden stehenbleibt, weiß er sofort, wen sein Hund dort gefunden hat.

Wer weiß, wen Jamin unter dem Olivenbaum entdeckt hat?

Maria und Josef wollen gerade ihr Nachtlager aufschlagen. Sie freuen sich, Jamin und Aram wiederzusehen. Maria ist von der langen Wanderung sehr müde und während Josef ihr ein Lager bereitet, sammelt Aram schnell etwas Feuerholz für die beiden. Ein Weilchen plaudert der kleine Hirte mit Maria und Josef.

„Wir müssen zurück zur Herde“, sagt Aram schließlich. „Mein Vater wartet sicher schon auf uns. Vielleicht sehen wir uns in den nächsten Tagen einmal wieder. Wir haben ja fast den gleichen Weg wie ihr.“

„Das wäre schön“, lächelt Maria und krault Jamin zum Abschied.

Zusammenfassung

Im Morgengrauen zieht die Herde weiter und Jamin bewacht die Schafe zunächst sehr eifrig. Doch dann entdeckt er ein Kaninchen und verfolgt es in wilder Jagd. Im letzten Moment schlüpft das Kaninchen in seinen Bau. Aram schimpft seinen Hund, weil er einfach die Herde verlassen hat. Am Abend entfernt sich Jamin nochmals von der Herde, jagt diesmal aber kein Kaninchen. Er führt Aram zu Maria und Josef, die in der Nähe ihr Nachtlager aufschlagen.

Kaninchenjagd

Material pro Paar:

- vergrößerte Spielvorlage (mindestens DIN A5)
- 4 Spielfiguren (z. B. eine weiße und drei schwarze)

So wird's gemacht:

- Die Kinder bilden Zweiergruppen.
- Die Figuren werden, wie in der Startaufstellung gezeigt, aufgestellt.
- Ein Spieler bewegt die weiße Spielfigur, das Kaninchen, das vor den Hunden davonläuft. Es darf sich sowohl vor- und rückwärts als auch diagonal beliebig weit bewegen.
- Der andere Spieler versucht mit den drei schwarzen Spielfiguren, den Hunden, das Kaninchen zu umzingeln. Sie dürfen allerdings nur jeweils ein Feld vorwärts oder zur Seite ziehen.
- Das Kaninchen hat gewonnen, wenn es sich nach zehn Spielzügen noch bewegen kann.

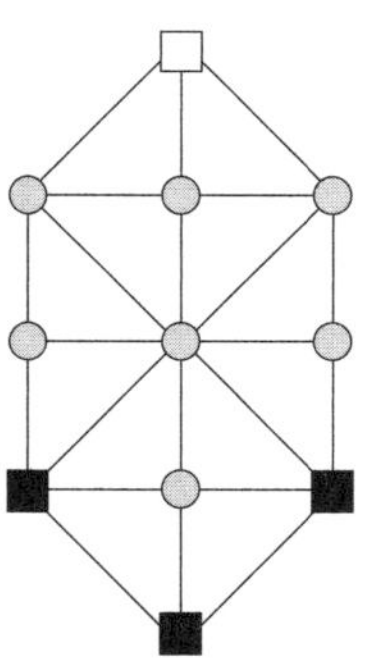

Spielvorlage:

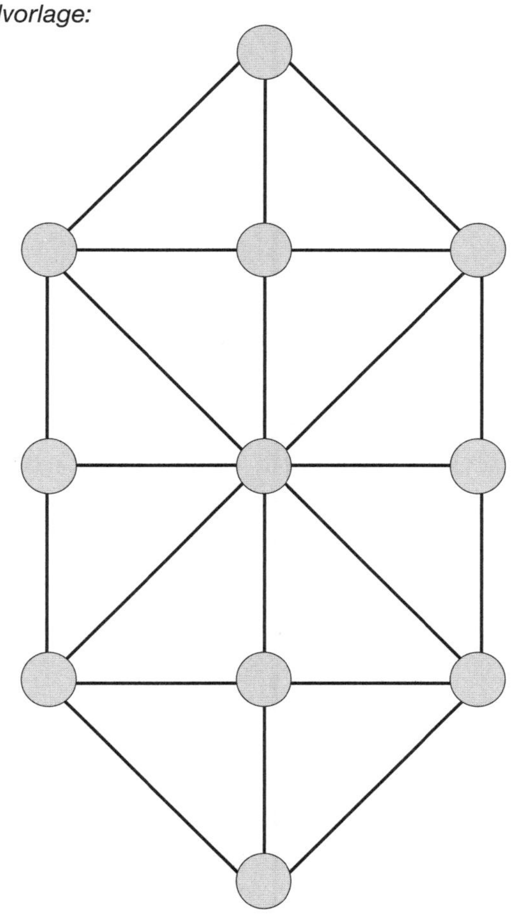

11. Dezember

Nächtliche Gefahr

Todmüde kuschelt sich Aram am Lagerfeuer in seine Decke. Das war ein anstrengender Tag. Anstrengend, aber schön. Vor dem Einschlafen muss Aram an Jamins wilde Kaninchenjagd denken, an das leckere Abendbrot, an die Geschichten, die die alten Hirten erzählt haben, und natürlich an Mosche, Maria und Josef. Vielleicht trifft er sie ja noch einmal. Das wäre großartig! Irgendwie sind sie seine Freunde geworden. Aram gähnt und schaut zum nächtlichen Himmel hinauf. Wie schimmernde Edelsteine funkeln die Sterne. Aram schließt die Augen und schläft zufrieden ein.

Etwas Feuchtes wischt über Arams Wange. Der Junge brummt unwillig und schiebt es weg. „Oh nein“, murmelt er. „Ich will noch schlafen!“

Aber das Feuchte kommt wieder. Es stupst und schiebt. Es ist warm und struppig und es jault leise. Es lässt Aram nicht in Ruhe.

Was könnte das Feuchte sein, das Aram stupst?

Aram öffnet die Augen. Es ist stockfinster. Die letzten Reste des Lagerfeuers sind verglüht. Wolken haben sich vor die Sterne geschoben. Es ist mitten in der Nacht! Bevor Aram richtig aufwacht, ist das Feuchte wieder da. Das ist – Jamin! Leise jaulend stupst der Hund seine feuchte Schnauze gegen Arams Wange.

Aram richtet sich auf. Was ist los? Jamin sitzt jetzt reglos neben Aram. Seine Ohren sind aufgestellt und er lauscht aufmerksam. Als Arams Augen sich an die Dunkelheit gewöhnt haben, sieht er, dass sich Jamins Nackenhaare sträuben. Jamin hat etwas entdeckt. Etwas Gefährliches! Aram hält den Atem an.

Nun beginnt Jamin zu knurren. Dumpf und unheimlich rollt das Grollen aus seiner Kehle. Arams Herz rast. Irgendetwas bedroht das Lager der Hirten. Aram schaut sich vorsichtig um. Er sieht die Schatten der Schafe und die dunklen Umrisse der schlafenden Hirten. In einiger Entfernung kann er undeutlich das dornige Gestrüpp erkennen, das dort ihr Nachtlager begrenzt. Und in diesem Gestrüpp – da bewegt sich etwas. Ein langgestreckter, flacher Schatten und – ein funkelndes Augenpaar!

Was hat sich wohl dort im Gestrüpp versteckt?

Ein Wolf! Das kann nur ein Wolf sein! Aram springt voller Angst auf. Er muss die anderen Hirten warnen! In diesem Moment ist auch Jamin auf den Beinen. Er bellt wie verrückt und fixiert mit gesträubtem Fell das leuchtende Augenpaar.

„Ein Wolf! Ein Wolf!“, schreit Aram. „Hilfe! Aufwachen! Ein Wolf! Ein Wolf!“

Innerhalb von Sekunden sind alle Hunde und alle Hirten auf den Beinen. Ohrenbetäubendes Gebell zerfetzt die Nachtruhe.

„Dort im Gestrüpp!“, ruft Aram und zeigt auf die Stelle, wo der nächtliche Feind sich versteckt hat. Die Hirten packen ihre Hirtenstäbe und stürmen laut schreiend auf die Dornenbüsche zu. Die wild bellenden Hunde und die lauten Schreie der Hirten sind zu viel für den Wolf. In langen, weiten Sprüngen flieht er in die dunkle Ebene. Aram sieht den grauen Schatten in der Ferne davonjagen.

Ein paar der Hirten verfolgen das Raubtier noch eine Weile mit ihren Hunden. Sicher ist sicher.

Aram und Jamin helfen den anderen, die Schafe wieder zu beruhigen. Die Tiere haben den Geruch des Wolfes natürlich wahrgenommen. Die meisten haben sich ängstlich blökend aneinandergedrängt. Einige wenige aber haben versucht zu fliehen und müssen wieder zurück zur Herde getrieben werden.

Es wird schon langsam hell, als endlich wieder Ruhe im Lager einkehrt.

„Komm“, sagt Dan zu Aram. „Schlaf noch ein wenig. Das war eine anstrengende Nacht für

dich! Wenn du nicht so wachsam gewesen wärst, dann hätten wir sicher ein Lamm verloren."

„Jamin hat den Wolf als Erster bemerkt!", stellt Aram stolz fest. Er legt seinem Hund die Arme um den Hals, bohrt seine Nase in das Hundefell und flüstert: „Du bist der beste Hirtenhund der Welt!"

Zusammenfassung
Nach einem aufregenden Tag schläft Aram zufrieden ein. Mitten in der Nacht wird er von Jamin geweckt. Der Hund hat einen Wolf entdeckt, der das Lager belauert. Aram und Jamin wecken flink die anderen Hunde und Hirten und gemeinsam gelingt es allen, den Wolf zu verjagen, bevor er ein Schaf reißen kann.

Malen im Dunkeln

Material:
- weiße Wand oder große Leinwand
- Taschenlampe

So wird's gemacht:
- Der Raum wird so gut wie möglich abgedunkelt.
- Das Kind, das beginnt, überlegt sich ein Motiv und „malt" es mit der Taschenlampe an die Wand.
- Die anderen Kinder raten, worum es sich handelt. Dann ist das nächste Kind an der Reihe.

12. Dezember

Bethlehem

Am Morgen lässt Dan die Hirten ausschlafen. Die letzte Nacht war einfach zu aufregend. Und zu anstrengend. Alle brauchen etwas Ruhe.

Wisst ihr noch, was in der letzten Nacht Aufregendes passiert ist?

Als Aram aufwacht, muss er sofort an den gefährlichen Wolf denken, der in der Nacht die Herde belauert hat. Wenn die Sonne scheint, die Vögel singen und kleine Wolken über den Himmel ziehen, dann kann man gar nicht glauben, dass noch vor wenigen Stunden Raubtieraugen in der Nacht funkelten.

„Los geht's!", ruft Dan schon bald nach dem Frühstück. „Es ist spät! Wir brechen auf!"

Nicht lange und die Herde zieht weiter auf ihrem Weg von Nazareth nach Hebron. Jetzt hat Aram keine Zeit mehr, an den Wolf zu denken. Gemeinsam mit Jamin treibt er die Schafe zusammen und achtet darauf, dass keines verloren geht.

Weiter und weiter ziehen Hirten, Hunde und Herde. Ein Tag vergeht wie der andere: Aufwachen, mit der Herde wandern, einen Lagerplatz finden, Schafe zusammentreiben, Hunde füttern, Feuer machen, am Lagerfeuer den alten Geschichten lauschen und nachts besonders wachsam sein – das ist alles, was passiert.

„Was ist los?", fragt Joshua eines Tages, als Aram mit gesenktem Kopf neben ihm über den staubigen Weg trottet und ab und zu leise seufzt.

„Mir ist so langweilig", murmelt Aram.

„Du willst doch nicht etwa, dass uns wieder ein Wolf besucht?" Sem runzelt die Stirn.

Ein Wolf? Aram überlegt. Also – nein! Besuch von einem Wolf möchte er lieber nicht noch einmal haben. „Ich würde gerne Maria und Josef und Mosche wiedertreffen", sagt er.

In diesem Augenblick ruft Dan laut: „Halt! Das hier ist ein guter Lagerplatz. Und die Stadt Bethlehem ist ganz in der Nähe."

Hier in der Nähe ist Bethlehem? Aram kichert. Das ist großartig! Gerade hat er sich ein wenig Abwechslung gewünscht und schon lässt Dan die Herde in der Nähe von Bethlehem rasten. Etwas Besseres kann gar nicht passieren!

Warum freut sich Aram so darüber, dass die Herde in der Nähe von Bethlehem rastet?

Bethlehem – das ist der Ort, zu dem Josef, Maria und Mosche ziehen, um sich in die Listen des Kaisers Augustus einzutragen. Vielleicht sind sie schon angekommen? Vielleicht können Aram und Jamin sie in Bethlehem treffen? Und – Aram wird ganz aufgeregt – vielleicht ist Marias besonderes Baby schon geboren. Der Sohn Gottes, auf den die Menschen schon so lange warten. Aram will einen Ausflug in die Stadt machen. Unbedingt. Der Junge rennt sofort zu seinem Vater.

„Darf ich mit Jamin in die Stadt gehen?", bettelt er mit großen Augen. „Bitte! Bitte!"

„Natürlich", sagt Dan und lächelt. „Das macht dir bestimmt Spaß."

Hurra! Aram hüpft vor Freude durch das Lager. Morgen wird er mit Jamin nach Bethlehem gehen und dort werden sie vielleicht Maria, Josef und Mosche treffen. Aram kann kaum erwarten, dass der nächste Tag anbricht.

Zusammenfassung
In der folgenden Zeit zieht die Herde von Nazareth in Richtung Hebron. Aram langweilt sich. Endlich lässt Dan die Herde ganz in der Nähe von Bethlehem rasten. Aram freut sich sehr darüber, dass Dan ihm erlaubt, mit Jamin einen Ausflug in die Stadt zu machen. Vielleicht wird er dort Maria, Josef und Mosche, den Esel, treffen?

Landschaft in Spritztechnik

Material pro Kind:
- Kopie der Vorlage von Seite 57
- Schere
- Bleistift
- Tonkarton (DIN A4)
- Wasserfarbmalkasten
- Zeitungspapier als Unterlage
- Becher mit Wasser
- Zeichenblock (DIN A4)
- Schürze oder Malkittel
- Zahnbürste
- Sieb

So wird's gemacht:
- Die Kinder schneiden die Kopie der Vorlage aus und übertragen sie auf stabilen Tonkarton.
- Nun kleben sie beide Streifen an den Klebelaschen zusammen, sodass eine lange, schmale Vorlage für eine Bergkulisse entsteht.
- Die Kinder legen ihren Arbeitsplatz großzügig mit Zeitungspapier aus und legen den Zeichenblock darauf.
- Mit der nassen Zahnbürste nehmen sie zuerst etwas Farbe eines hellen Farbtons aus dem Wasserfarbmalkasten auf.
- Sie halten das Spritzsieb mit der Öffnung nach unten über das Papier und reiben mit der Zahnbürste darüber, sodass die Farbe gleichmäßig auf das Papier spritzt.
- Wenn die Farbe getrocknet ist, legen die Kinder die Vorlage mit dem Muster nach unten an den oberen Rand des Papiers und wiederholen den Vorgang mit einem etwas dunkleren Farbton. Dabei spritzen sie vor allem an den Rand der Vorlage.
- Dies wiederholen die Kinder mehrmals, wobei die Vorlage immer tiefer geschoben wird, mit immer dunkleren Tönen, bis sie am unteren Rand des Bildes angekommen sind. Dabei verschieben sie die Vorlage jeweils nach links oder nach rechts.

Tipp:
Beginnen die Kinder bei jedem Durchgang das Reiben des Siebes mit der Zahnbürste über dem Zeitungspapier, fallen anfängliche größere Farbtropfen nicht gleich auf die Spritzfläche.

13. Dezember

Der falsche Weg

Am nächsten Morgen wacht Aram noch vor Sonnenaufgang auf, so aufgeregt ist er. Nach dem Frühstück füllt er seinen Wasserbeutel. Er wird sich das Wasser besser einteilen als damals, als er mit Jamin in Nazareth war.

Erinnert ihr euch daran, was Aram und Jamin in Nazareth mit dem Wassersack passiert ist?

Aram packt noch etwas Fladenbrot und ein paar Oliven als Wegzehrung ein – und schon kann es losgehen. Fröhlich pfeifend marschiert der Junge in den neuen Tag hinein. Die Sonne lacht am Himmel. Ein lauer Wind weht und die Vögel zwitschern in den Zweigen der knorrigen Olivenbäume. Jamin springt begeistert voraus. Er schnüffelt an jedem Felsstein, er schnuppert hinter jedem Strauch, er jagt Fliegen und Eidechsen. Aber wie weit er auch vorausläuft, er kehrt immer wieder zu dem Jungen zurück.

Aram kümmert sich kaum um seinen Hund. Er wandert gleichmäßig vor sich hin und manchmal macht er den einen oder anderen ausgelassenen Hüpfer. Er achtet nicht auf den Sonnenschein und nicht auf den Weg. Er sieht weder die Vögel noch die Eidechsen. Ihm ist alles egal. Das Einzige, woran er denkt, ist, dass er – hoffentlich, hoffentlich – schon bald Maria und Josef wiedertreffen wird. Und dass er vielleicht sogar Marias Baby sehen wird, wenn es schon geboren ist.

Nach einer Weile erreichen die beiden eine Weggabelung. Jamin wendet sich sofort nach links, aber Aram schlägt, fröhlich pfeifend, den rechten Weg ein. Jamin läuft ein kleines Stück den linken Pfad entlang. Dann bleibt er stehen und bellt auffordernd.

Was meint ihr will Jamin Aram sagen?

Aram achtet nicht auf das Bellen. Er hüpft weiter und stellt sich gerade vor, wie er Maria und Josef von dem gefährlichen Wolf erzählen wird, den er zusammen mit Jamin als Erster entdeckt hat. Da schießt Jamin von hinten an ihm vorbei. Direkt vor Aram bleibt der Hund stehen und bellt wie wild. Aram stolpert vor Schreck und fängt sich erst im letzten Moment wieder.

„Spinnst du?“, wundert er sich und macht kopfschüttelnd einen Bogen um seinen Hund. Er wird Maria von den funkelnden Raubtieraugen erzählen, die in der Nacht leuchteten und …

Kläffend überholt Jamin den Jungen ein weiteres Mal. Aram will ihm wieder ausweichen, doch der Hund springt wie verrückt an ihm hoch.

„Was hast du denn?“, fragt Aram verärgert. „Lass mich doch in Ruhe!“

Aber Jamin gehorcht nicht. Er lässt Aram nicht in Ruhe und bellt und kläfft immer lauter.

Jetzt bleibt Aram stehen und schaut sich um. Gerade noch rechtzeitig! Wenige Schritte vor ihnen endet der Pfad, der auf einen schmalen Hügel führt, ganz plötzlich. Ziemlich steil fällt das Gelände in eine Geröllschlucht ab. Wenn Aram weiter so blind durch die Gegend gewandert wäre, wäre er sicher abgestürzt und in einer Wolke aus Steinen und Staub ins Tal gekugelt. Dabei hätte er sich auf jeden Fall ziemlich wehgetan.

„Puh!“, stöhnt Aram und hockt sich neben Jamin. „Das war knapp! Danke, dass du mich gewarnt hast, Jamin. Du bist der Beste.“ Er krault den Hund hinter den Ohren.

Jamin freut sich wie verrückt. Er leckt Arams Gesicht und sein Schwanz fegt hin und her.

„Das war wohl der falsche Weg“, sagt Aram schuldbewusst. Jamin schaut den Jungen mit großen Augen an und bellt zufrieden. Und dann rennt er los, den Weg zurück zu der Weggabelung, an der Aram die falsche Abzweigung genommen hat.

„Alles klar, Jamin!“, ruft Aram und folgt dem Hund. „Es ist besser, wenn du entscheidest, wohin wir gehen!“

Schon bald erkennt Aram, dass Jamin den richtigen Weg gewählt hat. In der Ferne sieht der Junge die Häuser einer Stadt. Das muss Bethlehem sein! Und dort vorne – Aram kneift die Augen zusammen – dort am Wegrand unter einem alten Olivenbaum sitzt jemand. Und daneben steht – ein Esel! Das sind doch Maria und Mosche! Aber wo ist Josef?

Zusammenfassung
Unterwegs nach Bethlehem achtet Aram nicht auf den Weg. An einer Weggabelung geht er in die falsche Richtung. Jamin versucht ihn zu warnen, aber das gelingt ihm erst im letzten Moment. Aram sieht, dass der Weg an einer steilen Schlucht endet. Ohne Jamin wäre Aram abgestürzt. Als sie den richtigen Weg wählen, sieht Aram schon bald die Häuser von Bethlehem. Unter einem Baum entdeckt er Maria und Mosche. Doch wo ist Josef?

Labyrinth

Material pro Kind:
- Kopie der Vorlage von Seite 58
- Bleistift
- Farbstifte

So wird's gemacht:
- Die Kinder suchen den Weg, der Aram nach Bethlehem und zu seinem Hund Jamin führt, und zeichnen ihn mit Bleistift ein.
- Anschließend malen sie die Häuser und Figuren farbig aus.

Lösung:

14. Dezember

Das Wiedersehen

Aram kann es kaum erwarten, mit Maria zu reden. Wie der Wind rennt er den Weg entlang zu dem alten Olivenbaum, in dessen Schatten tatsächlich Maria und Mosche rasten. Doch so schnell Aram auch läuft, Jamin ist schneller. Voller Begeisterung jagt der Hund über Stock und Stein und als Aram den Baum erreicht, tollt Jamin schon um Maria und den Esel herum.

„Hallo, Aram!", begrüßt Maria den Jungen. „Das ist aber schön, dass wir uns wiedersehen!"

„Ja", lacht Aram. „Wie schön, dass unsere Herde in die gleiche Richtung zieht, nicht wahr? Jamin findet das übrigens auch!"

Maria nickt lächelnd. Jamins Freude ist nicht zu übersehen.

Woran erkennen Maria und Aram, dass Jamin sich freut? Wie benimmt sich der Hund?

Er wedelt wie wild mit dem Schwanz. Er springt aufgeregt um Maria herum und versucht immer wieder ihr Gesicht zu lecken. Er ist vor Freude ganz verrückt.

Nach einer Weile findet Aram: „Jetzt ist es aber genug, Jamin. Platz!"

Und der ungestüme Hund gehorcht brav. Er legt sich sofort ruhig auf den Boden, ganz dicht neben Maria.

„Setz dich doch zu mir, dann können wir ein wenig plaudern." Maria lächelt und bietet Aram ein paar Feigen an.

„Danke!" Aram strahlt und stopft sich sofort eine der süßen Früchte in den Mund. „Feigen mag ich noch lieber als Datteln", erklärt er, leckt sich genüsslich die Lippen und fügt dann neugierig hinzu: „Wo ist eigentlich Josef?"

„Josef ist schon in Bethlehem. Ich war so müde", sagt Maria und seufzt ein wenig. „Die weite Reise war doch recht anstrengend für mich. Deshalb meinte Josef, dass es besser wäre, wenn ich mich hier im Schatten ausruhe, während er in Bethlehem nach einer Herberge für uns sucht."

Was ist eine Herberge?

Aram runzelt die Stirn. „Es wandern sehr viele Menschen wegen der Volkszählung des Kaisers durch das Land. Wir haben auf unserem Weg mit der Herde immer wieder Leute gesehen, die unterwegs zu ihrem Heimatort waren. Da wird es bestimmt nicht einfach sein, ein Zimmer für die Nacht zu finden. Hoffentlich hat Josef Glück."

Doch Maria lächelt still. „Ich mache mir da keine Sorgen." Sie legt eine Hand auf ihren runden Bauch und fügt hinzu: „Josef findet bestimmt ein Plätzchen für uns. Wenn er den Menschen erzählt, dass unser Baby bald geboren wird, dann werden sie uns sicher helfen. Niemand will doch, dass ein kleines Kind auf der Straße zur Welt kommt."

Aram ist sich da nicht so sicher. „Aber", fragt er und streichelt dabei Mosche, der neugierig an seinen Sandalen schnuppert. „Aber was macht ihr, wenn Josef keine Herberge findet? Dann wird dein Baby doch noch auf der Straße geboren. Vielleicht sogar hier, im Staub unter dem alten Olivenbaum! Das geht doch nicht!"

Plötzlich hat Aram eine richtig gute Idee! „Wenn Josef keine Unterkunft für euch findet, dann könnt ihr bei unserer Herde am Lagerfeuer übernachten. Dan erlaubt das bestimmt."

Maria schüttelt den Kopf. „Das wird nicht nötig sein", sagt sie zuversichtlich. „Mein Baby ist Gottes Sohn und Gott wird sein Kind nicht im Stich lassen. Er wird sicher dafür sorgen, dass Josef eine Herberge für uns findet."

Zusammenfassung
Aram setzt sich mit Jamin zu Maria und Mosche unter den Olivenbaum. Jamin freut sich sehr über das Wiedersehen. Maria erzählt, dass Josef in Bethlehem ist und nach einer Herberge für sich, Maria und das Baby, das sicher bald geboren wird, sucht. Da viele Menschen wegen der Volkszählung unterwegs sind, befürchtet Aram, dass in Bethlehem vielleicht kein Platz mehr sein könnte, aber Maria ist voller Zuversicht, dass Gott gut für sie sorgen wird.

Bastherz

Material pro Kind:
- ein Bund naturfarbener Bast, ca. 30 bis 50 g
- Blumendraht
- Schere
- breites Geschenkband aus Stoff
- Klebstoff
- Stopfnadel

So wird's gemacht:
- Die Kinder binden ihren Bund an einem Ende mit einem Stück Bastfaden zusammen.
- Nun teilen sie den Bund in drei Stränge und flechten daraus einen Zopf.
- Das andere Ende umwickeln die Kinder ebenfalls mit einem Bastfaden.
- Der Zopf wird jetzt in der Mitte einmal zusammengeklappt und an dieser Stelle fest mit Blumendraht umwickelt.
- Nun werden die freien Enden nach unten geklappt und dort mit Draht zusammengebunden, sodass eine Herzform entsteht. Eventuell überstehende Bastfäden werden abgeschnitten.
- Am unteren Ende des Herzes wird das Geschenkband mit Klebstoff befestigt und zu einer Schleife gebunden.
- Um das Herz aufhängen zu können, ziehen die Kinder mit der Stopfnadel einen Bastfaden durch den mittleren Teil des Herzens.

15. Dezember

Vergebliche Herbergssuche

Aram unterhält sich noch lange mit Maria. Er erzählt von dem Wolf, der um das Hirtenlager geschlichen ist. Und er berichtet, wie Jamin ihn vorhin gewarnt hat, als er auf dem Weg nach Bethlehem falsch abgebogen ist.

Was ist passiert, als Aram den falschen Weg nach Bethlehem nahm?

„Wenn Jamin nicht gewesen wäre, wäre ich in die Schlucht gestürzt!“, sagt Aram.

„Was für ein Glück, dass du so einen klugen Hund hast!“, bestätigt Maria und dann muss sie gähnen. Sie fügt lächelnd hinzu: „Ich bin auf einmal unheimlich müde. Sei mir nicht böse, Aram, aber ich glaube, ich muss jetzt ein wenig schlafen.“

„Ja, natürlich! Mach das!“, ruft Aram und springt auf. „Ich wollte mir ja sowieso Bethlehem ansehen!“

Der Junge macht sich mit Jamin sofort auf den Weg.

Bald erreichen sie die Stadt. Auf den Straßen herrscht großes Gedränge. Viele Reisende sind unterwegs, um sich in die Listen des Kaisers einzutragen. Sie ziehen mit Eseln und Kamelen durch die Gassen und wollen Wasser, Früchte, Brot und Fleisch kaufen. Fast alle suchen nach Unterkünften für die Nacht.

Aram schlendert durch die Straßen und beobachtet das Treiben. Plötzlich bleibt Jamin stehen. Er bellt laut. Was hat er entdeckt? Als Aram sich umschaut, sieht er den Mann, der Jamins Aufmerksamkeit erregt hat. Das ist doch …

„Josef!“, ruft Aram. Doch dann sieht er, dass Josef gerade mit einem Mann spricht, der aus dem Fenster eines großen Hauses schaut. Aram wartet. Er will die beiden nicht stören.

Wer kann sich vorstellen, worüber Josef mit dem Mann redet?

„Bitte!“, fleht Josef und senkt den Kopf. „Nur für eine Nacht. Ich werde doch alles bezahlen. Meine Frau kann jeden Moment ihr Kind bekommen.“

„Tut mir leid“, sagt der Mann im Fenster und sieht nicht so aus, als ob es ihm wirklich leidtun würde. „Das Haus ist voll. Alle Betten sind belegt. Frag woanders.“

„Woanders?“ Josef seufzt. „Ich habe schon bei so vielen Herbergen gefragt. Keiner hatte Platz für uns.“

„So ist das nun mal. Ich kann dir auch nicht helfen“, entgegnet der Mann.

„Aber …“, ruft Josef und hebt bittend die Hände, doch der Mann ist schon im Haus verschwunden und hat das Fenster zugeschlagen.

Josef steht in der staubigen Gasse und sieht sehr traurig aus. Aram nähert sich ihm vorsichtig.

„Hallo, Josef“, sagt er leise. „Kann ich dir helfen?“

Jamin blickt mit dunklen Hundeaugen schwanzwedelnd zu Marias Verlobtem auf.

„Oh.“ Josef ist überrascht. „Ihr seid es. Aram und Jamin. Ob du mir helfen kannst? Ich glaube nicht. Ich suche schon so lange, aber nirgends haben die Leute hier in Bethlehem ein Plätzchen für mich und Maria. Ich glaube, wir werden auf der Straße übernachten.“

„Auf der Straße?“, ruft Aram. „Auf keinen Fall! Auf der Straße darf Maria ihr Baby nicht bekommen! Wir finden etwas. Ganz bestimmt! Ich helfe dir.“

Und er zieht den verzweifelten Josef zum nächsten Haus und klopft an die hölzerne Tür. Niemand öffnet. Von drinnen hört man nur eine mürrische Stimme: „Wir haben keinen Platz! Fragt woanders!“

„Siehst du!“, sagt Josef. „Es hat keinen Zweck.“

Doch so schnell gibt Aram nicht auf. Er zieht mit Josef von Haus zu Haus. Irgendjemand muss doch ein Zimmerchen für Maria und Josef haben! Doch wo immer sie auch klopfen und um eine

Herberge für die Nacht bitten: Es ist überall das Gleiche. „Kein Platz!“ – „Alles voll!“ – „Wir sind belegt!“ – „Sucht woanders!“, heißt es.

Am späten Nachmittag hockt Josef sich auf einen Stein am Straßenrand.

„Es hat alles keinen Sinn“, seufzt er traurig und lässt den Kopf hängen. „Wir werden unter dem alten Olivenbaum übernachten.“

„Lass es uns noch da vorne versuchen“, schlägt Aram vor und zeigt auf ein kleines, weißes Haus. „Dort haben wir noch nicht gefragt.“

Zusammenfassung

Nachdem Aram mit Maria geplaudert hat, wird sie müde. Aram und Jamin lassen sie schlafen und wandern nach Bethlehem. Dort treffen sie Josef, der gerade von einem Wirt, der keinen Platz für ihn und Maria hat, weggeschickt wird. Josef ist verzweifelt, weil er bisher keine Unterkunft gefunden hat. Aram macht ihm Mut, weiterzusuchen, aber die beiden haben kein Glück. Schließlich schlägt Aram vor, es in einem letzten Haus zu versuchen.

Die Herbergssuche

Material:

- große Kartons
- Teppichmesser
- Wasserfarben
- Wasser- oder Plakafarbe in Gold
- Pinsel in verschiedenen Größen
- Verkleidungsutensilien, z. B. Hüte, Mäntel, Tücher, Stiefel, Spazierstock, Kartoffelsack

So wird's gemacht:

- Die Kinder bereiten die Herbergssuche als szenisches Spiel vor.
- Als Kulisse dienen große Kartons, auf die Häuser gemalt werden. Eingangstüren und Fenster werden mit einem Teppichmesser eingeschnitten.
- Die Kinder denken sich Namen für die Herbergen aus und schreiben sie mit goldener Farbe auf die Häuser.
- Sie überlegen sich, welche Personen außer Maria und Josef noch in ihrem Stück vorkommen sollen. Die einzelnen Hausbesitzer, die keine Bleibe mehr frei haben, könnten z. B. sein: Wirt, Schmied, Schuster, Bäcker oder Mutter mit Kindern.
- Die Kinder verteilen die Rollen untereinander und verkleiden sich entsprechend.
- Nun schreiben die Kinder einfache Texte, die auch während des Spiels improvisiert werden können.

16. Dezember

Der gute Wirt

Aram muss all seine Überredungskunst aufwenden, damit Josef mit ihm zu dem letzten Haus geht, an dem sie noch nicht geklopft haben.

Doch schließlich sagt Josef: „Na gut. Versuchen wir es noch einmal. Mehr als nein sagen können die Wirtsleute ja nicht."

Mit hängenden Schultern schlurft er zu der Herberge. Aram springt zuversichtlich voraus. Jamin läuft dicht neben Josef und schmiegt sich tröstend an seine Beine. Als die beiden die Wirtshaustür erreichen, hat Aram schon geklopft. Ein freundlicher, dicker Mann mit roten Wangen öffnet.

„Shalom", sagt er und lächelt freundlich. „Wie kann ich euch helfen?"

Was bedeutet das Wort Shalom? Habt ihr es schon einmal gehört?

„Friede sei mit dir", antwortet Aram höflich. „Ich heiße Aram. Das ist mein Freund Josef und das ist mein Hund Jamin."

Der kleine Hirtenhund wedelt freundlich mit dem Schwanz. Das ist seine Art, Shalom zu sagen.

„Shalom", grüßt auch Josef und fügt hinzu: „Wir suchen eine Unterkunft für mich und meine ..."

„Oh, oh!", unterbricht ihn der freundliche Wirt. „Eine Unterkunft – das sieht sehr schlecht aus. Wir sind völlig überfüllt. Wegen der Volkszählung. So viele Menschen brauchen ein Dach über dem Kopf und ein Bett für die Nacht."

„Maria und ich schlafen auch in der Wirtsstube", sagt Josef. „Auf den Bänken oder unter dem Tisch. Hauptsache, wir müssen nicht unter freiem Himmel übernachten. Die Nächte sind sehr kalt."

Der freundliche Wirt nickt sorgenvoll. „Ja, ich weiß, wie kalt es in den Nächten draußen ist, aber ..." Er überlegt einen Augenblick, dann wendet er sich ins Haus und ruft: „Esther! Esther? Kommst du mal bitte?"

Wenig später erscheint eine fröhliche Frau. Lächelnd begrüßt sie Josef, Aram und Jamin: „Shalom!"

„Das ist Esther, meine Ehefrau", erklärt der Wirt und fügt hinzu: „Sag mal, Esther, ist da nicht vielleicht doch noch ein Plätzchen im Schankraum frei, heute Nacht? Dieser Mann hier braucht eine Unterkunft für sich und seine Frau."

Eine Sorgenfalte erscheint auf Esthers Stirn. Sie denkt kurz nach und sagt dann: „Nein, leider nicht. Du weißt doch, unsere Gäste schlafen dort schon dicht an dicht. Es ist unmöglich."

„Ja dann", sagt Josef und will schon weitergehen, als Aram plötzlich ruft: „Aber Josef, du musst dem Wirt doch sagen, dass ..."

Was muss Josef dem Wirt unbedingt erzählen?

„Dass Maria schwanger ist und dass das Baby jeden Moment auf die Welt kommen kann!", beendet der Junge den angefangenen Satz.

„Deine Frau erwartet ein Baby?", fragt Esther erschrocken.

„Und niemand hier in Bethlehem hat Platz für eine hochschwangere Frau?", fügt ihr Mann ungläubig hinzu.

Josef nickt traurig. „Ich weiß nicht, was ich machen soll", jammert er verzweifelt.

„Also, bei uns im Haus ist wirklich und wahrhaftig kein Platz mehr", erklärt der freundliche Wirt und blickt seine Frau nachdenklich an. Dann gleitet ein Lächeln über sein Gesicht. „Aber wir haben doch noch den kleinen Stall dort hinten." Er zeigt aufgeregt die Gasse hinunter. „Im Stall steht nur unser Ochse. Dort ist es warm und trocken. Vielleicht könntet ihr dort übernachten?"

Aram schaut Josef fragend an. Ein trockener, warmer Stall ist doch allemal besser als eine kalte, staubige Straße, oder?

Josef nickt erleichtert. „Ja!", sagt er. „Vielen, vielen Dank! Ein Stall – das ist wunderbar!"

Zusammenfassung
Aram überredet Josef, noch an einem letzten Haus zu klopfen und um eine Unterkunft zu bitten. Der freundliche Wirt hat leider auch keinen Platz mehr in seiner Herberge, aber als er hört, dass Maria bald ihr Baby bekommen wird, schlägt er Josef vor, dass sie in seinem Stall übernachten können. Dort ist es zumindest warm und trocken. Josef nimmt das Angebot dankbar an.

Lied: Hevenu Shalom

Material pro Kind:
- Kopie der Vorlage von Seite 59

So wird's gemacht:
- Singen Sie den Kindern das Lied vor und warten Sie die Reaktion ab. Vielleicht erkennen die Schüler, dass es ein hebräisches Lied ist.
- Übersetzen Sie den Text: Wir wollen Frieden für alle!
- Der Gruß „Shalom" ist in Israel – ähnlich dem im süddeutschen Raum gebräuchlichen „Grüß Gott" – allgemein üblich und alltäglich.
- Bieten Sie den Kindern ausreichend Zeit an, über die Bedeutung dieses Grußes zu sprechen. Vielleicht wissen die Kinder bereits, dass dem jüdischen Volk viel Leid geschehen ist. Daher ist es besonders verständlich, wenn sich die Menschen mit ihrem Gruß Frieden wünschen.
- Singen Sie das Lied nun gemeinsam und dann als Kanon.

Tipp:
Falls Sie Kinder in der Klasse haben, die eine der darunter angegebenen Sprachen sprechen, können diese Kinder das Lied in ihrer Sprache vorsingen.

17. Dezember

Der Ochse im Stall

Josef ist sehr erleichtert, dass ihm der freundliche Wirt seinen kleinen Stall zum Übernachten angeboten hat. Zum Abschied reicht der Wirt Josef ein Bündel, das in ein weißes Tuch eingeschlagen ist. „Vorsicht", sagt er. „Es ist ein ganz frisches Brot und noch warm. Esther hat es gerade aus dem Ofen geholt."

Wer weiß noch, wer Esther ist?

Aram schnuppert neugierig. Das Bündel mit dem Brot, das die Frau des Wirtes gebacken hat, duftet verlockend. Dem Jungen läuft das Wasser im Mund zusammen.

„Vielen Dank", sagt Josef. „Darüber wird Maria sich sehr freuen!"

„Und nun lauft einfach die Straße hinunter. Dann kommt ihr direkt zu meinem Stall." Der Zeigefinger des Wirtes weist ihnen die Richtung.

„Und alles Gute für deine Frau und das Baby", fügt Esther hinzu.

„Begleitest du mich, Aram?", fragt Josef und marschiert zuversichtlich die staubige Gasse hinunter.

„Na klar!", ruft Aram und winkt Esther und ihrem Mann zu. „Danke für alles!" Und dann folgen er und Jamin Josef, so schnell sie können.

Schon von Weitem sieht Aram den kleinen Stall. Das flache Gebäude liegt ein wenig außerhalb der Stadt und hat stabile hölzerne Wände. Dort drinnen werden Maria, Josef und das Baby vor Kälte und Wind gut geschützt sein, das erkennt der Junge sofort. Er nimmt Josef das warme Brot ab, damit Josef als Erster eintreten und sich drinnen umsehen kann. Dann folgt ihm Aram ins Innere des Stalls.

Im Stall ist es dunkel. Nach dem hellen Sonnenschein im Freien müssen sich Arams Augen erst an das Dämmerlicht gewöhnen. Es duftet nach frischem Heu und ein bisschen nach Tier. Der Junge schnuppert. Es riecht nach Kuh. Genau, der Wirt hatte ja gesagt, dass sein Ochse in dem Stall steht. Ein schmaler Lichtstreifen fällt ins Innere. Etwas raschelt im Stroh und dann ertönt ein lautes: „Muuuuh!"

Jamin schießt an Aram vorbei und bleibt vor dem großen, braunen Ochsen stehen, der neben der hölzernen Futterkrippe mit gleichmäßig malmenden Maulbewegungen wiederkäut.

Wer kann erklären, was Wiederkäuen ist?

Der Ochse blickt mit feuchten, dunklen Augen auf den kleinen Hund herab und legt den schweren Kopf in den Nacken. „Muuuuh! Muuuuh!" Das ist eine Begrüßung auf Ochsenart. Jamin wedelt mit dem Schwanz. Er scheint das mächtige Tier zu mögen.

Der ganze Boden ist mit einer gleichmäßigen Schicht Stroh bedeckt. Ein niedliches Mäuschen flitzt durch die Halme und verschwindet in einer Ecke. Jamin stellt die Ohren auf und knurrt leise. Doch als er merkt, dass die Maus in ihrem Mauseloch verschwunden ist und so schnell nicht wieder zum Vorschein kommen wird, legt er sich neben dem Ochsen ins Stroh und schließt die Augen.

„Jamin mag den Ochsen. Und er findet es hier gemütlich", kichert Aram.

„Das kann ich verstehen", murmelt Josef und schaut sich um. „Es ist warm und trocken und irgendwie heimelig", fährt er fort und ein zufriedenes Lächeln huscht über sein Gesicht. „Maria wird unsere Unterkunft gefallen. Und der Heuduft ist wunderbar."

„Schau! Ihr habt sogar ein Bett für das Baby!", ruft Aram plötzlich und zeigt auf die Futterkrippe. „Auf dem weichen Heu wird es bestimmt gut schlafen."

Josef nickt. „Du hast recht. Das ist eine gute Idee!" Doch dann schaut er erschrocken auf die Stallwand.

Zusammenfassung
Bevor der Wirt Josef und Aram den Weg zum Stall weist, schenkt er ihnen noch ein frisches Brot. Im Stall finden sie den Ochsen, der friedlich kauend neben der Futterkrippe steht. Aram gefällt es gut im dämmrigen Stall und auch Josef ist zuversichtlich, dass Maria sich über die Unterkunft freuen wird. Doch plötzlich entdeckt Josef etwas an der Stallwand.

Rezept: Challah (Sesambrot)

Zutaten für ein Brot:
- 3 Eier
- ½ Tasse Honig
- 4 Teelöffel Sonnenblumenöl
- 1 Teelöffel Salz
- 2 ½ Tassen lauwarmes Wasser
- 1 Teelöffel Trockenhefe
- 8 Tassen weißes Mehl
- 1 Tasse Sesam
- ½ Tasse heißes Wasser

So wird's gemacht:
- Die Kinder verquirlen zwei Eier mit Honig, Öl und Salz und gießen langsam unter Rühren das Wasser dazu.
- Dann vermischen sie die Hefe mit dem Mehl und geben die Mischung Tasse für Tasse unter Rühren hinzu. Sie kneten alles gut durch, bis der Teig nicht mehr klebt und sich vom Schüsselrand löst. Falls er zu trocken ist, Wasser hinzufügen, falls er zu feucht ist, etwas Mehl.
- Nun wird der Teig leicht mit Mehl bestäubt und an einem warmen Ort ca. 30 Minuten gehen gelassen.
- Ist der Teig aufgegangen, wird er in drei Teile geteilt und zu Strängen gerollt. Die Kinder flechten daraus einen Zopf und verbinden die Enden jeweils gut miteinander.
- Das Ei trennen und den Zopf mit Eigelb bestreichen und anschließend mit Sesam bestreuen.
- Bei 190 °C ca. 40 Minuten backen, wobei die Tasse mit heißem Wasser im Ofen neben dem Zopf steht.
- Nach zehn Minuten den Backofen kurz öffnen, um den Dampf entweichen zu lassen, und dann weiterbacken lassen. Kurzes Klopfen auf das Brot verrät Ihnen, ob es fertig ist. Es sollte hohl klingen.

18. Dezember

Das Loch in der Wand

Josef starrt wie gebannt die Seitenwand des Stalls an. Auf seiner Stirn erscheint eine steile Sorgenfalte.

„Was ist los?“, fragt Aram.

Josef zeigt auf ein ziemlich großes Loch im Holz. „Schau, hier ist die Wand kaputt. Da bläst der Wind durch und wenn es regnet, wird im Stall alles nass.“

Josef hat recht. Jetzt sieht Aram das Loch auch. So was Dummes! „Vielleicht können wir das Loch zustopfen?“, schlägt er vor, legt das duftende Brotbündel auf den Boden und rafft mit beiden Händen Stroh zusammen.

„Nein!“, ruft Josef laut. „Das stopfen wir nicht mit Stroh. Das muss richtig repariert werden. Und das“, fügt er hinzu und lacht, „ist kein Problem. Das kann ich. Schließlich ist das ja mein Beruf.“

Welchen Beruf hat Josef? Was für Arbeiten führt Josef in seinem Beruf aus?

Genau, jetzt erinnert sich Aram daran, dass Josef von Beruf Zimmermann ist.

„Wir brauchen Holz“, überlegt Josef. „Ein Brett wäre gut.“ Er schaut sich suchend um.

Auch Arams Augen schweifen durch den Stall. Hier gibt es jede Menge Stroh, die Futterkrippe voller Heu, den Ochsen und den Hirtenhund Jamin – aber kein Brett. Doch was ist das? In einer Stallecke lugt etwas unter dem Stroh hervor. Aram schiebt die Halme zur Seite. Tatsächlich. In der Ecke liegt ein kleiner Holzstapel. Vielleicht ist da ja etwas Brauchbares dabei?

„Holz haben wir!“, jubelt Aram und wühlt in dem Haufen. Dann hebt er mehrere alte Bretter hoch. „Jetzt fehlt uns nur noch das richtige Werkzeug.“

Welches Werkzeug braucht Josef, um das Loch in der Stallwand zu reparieren?

„Werkzeug?“, lacht Josef. „Ein guter Zimmermann hat sein Werkzeug immer dabei.“ Er klopft auf einen ledernen Beutel, den er an einem Strick um die Taille trägt. „Meines ist hier drin! Ich mache mich am besten gleich an die Arbeit.“ Josef packt einen Hammer und eine Handvoll Nägel aus. Doch plötzlich hält er erschrocken inne.

„Maria!“, sagt er. „Sie wartet sicher auf mich und macht sich Sorgen. Nein, ich kann das Loch jetzt nicht reparieren. Ich muss zuerst Maria holen und ihr von unserer Unterkunft erzählen.“

Dann wandert sein Blick wieder zu dem Loch in der Stallwand. Er seufzt. „Aber wenn es jetzt anfängt zu regnen, wird alles nass. Dann ist es vorbei mit dem gemütlichen Nachtlager. Was mache ich nur?“

„Das ist keine Frage“, ruft Aram. „Jamin und ich sind doch auch noch da. Wir können Maria und Mosche abholen und hierherbringen.“

„Das würdet ihr tun?“, fragt Josef und ist ganz gerührt.

„Aber klar!“, lacht Aram. „Dafür sind Freunde schließlich da. Und das sind wir doch, oder?“

„Natürlich sind wir Freunde.“ Josef nickt und dann fällt sein Blick auf das Bündel mit Esthers frischem Brot. „Du musst unbedingt ein Stück davon für Maria mitnehmen“, sagt er und wickelt den knusprigen Laib aus.

Aram läuft schon wieder das Wasser im Mund zusammen. Wie das duftet! Es ist schon lange her, dass die Hirten am heruntergebrannten Lagerfeuer gefrühstückt haben und der Junge ist richtig hungrig. Jetzt knurrt sein Magen auch noch! Und zwar ziemlich laut. Ist das peinlich! Aram wird rot.

Josef hebt erschrocken den Kopf. „Du hast auch Hunger, nicht wahr? Daran habe ich überhaupt nicht gedacht. Da lasse ich dich die ganze Zeit das duftende Brot tragen, und biete dir nichts davon an. Das tut mir sehr leid!“

Josef bricht hastig ein großes Stück aus dem frischen Laib und reicht es dem Jungen.

„Vielen, vielen Dank!“, lacht Aram und beißt sofort hinein.

Wenig später wandert ein satter Hirtenjunge mit einem neugierigen Hirtenhund zurück zu dem alten Olivenbaum, unter dem Maria und Mosche rasten.

Zusammenfassung

Josef entdeckt ein großes Loch in der Stallwand und will es auf jeden Fall reparieren, damit es im Stall nicht nass wird, falls es regnet. Doch da fällt ihm ein, dass er auch zurück zu Maria gehen muss, die schon so lange auf ihn wartet. Das aber können Aram und Jamin für Josef übernehmen. Nachdem Aram sich mit einem Stück von Esthers frischem Brot gestärkt hat, macht er sich mit Jamin auf den Weg zu Maria.

Zuckerlaterne

Material:
- transparenter Bastelkleber in der Tube
- Zucker

Material pro Kind:
- Zeitungspapier
- Einmachglas
- Teelicht

So wird's gemacht:
- Die Schüler legen ihren Arbeitsplatz mit Zeitungspapier als Unterlage aus.
- Mit dem Bastelkleber malen die Kinder weihnachtliche Motive auf das Glas, z. B. Sterne, Schneeflocken oder einen Schneemann.
- Dann streuen sie Zucker auf den noch feuchten Klebstoff. Das geht besonders gut zu zweit: Ein Kind hält das Glas waagrecht am oberen und unteren Ende fest, das andere Kind streut den Zucker.
- Wenn alles getrocknet ist, sehen die Motive aus wie Eiskristalle.
- Mit einem brennenden Teelicht zaubern die Laternen eine schöne, winterliche Stimmung ins Klassenzimmer.

19. Dezember

Wieder vereint

Es ist später Nachmittag und die Sonne steht tief am Himmel. Die Felsen und die Olivenbäume werfen lange Schatten und ein kühler Wind weht über das staubige Land.

„Komm, Jamin, wir müssen uns beeilen!", ruft Aram und beginnt zu laufen. „Maria wartet bestimmt."

Beeilen? Das muss Aram Jamin nicht zweimal sagen. Mit wehenden Ohren flitzt der Hirtenhund über Stock und Stein. Er kümmert sich weder um die Eidechsen noch um die Fliegen. Er beachtet auch die Kaninchen und die Rennmäuse nicht. Sein Ziel ist der knorrige Baum, unter dem Maria auf Josef wartet. Bei dem Tempo, das der kleine Hund vorlegt, trifft er lange vor Aram dort ein.

Als Aram um die letzte Wegbiegung läuft, liegt Jamin schon vor Maria. Sein Schwanz klopft vor Wiedersehensfreude wild auf den Boden. Mosche beugt den grauen Zottelkopf und beschnuppert den Hund. Maria krault Jamin lächelnd hinter den Ohren. Außer Atem lässt der Junge sich neben ihr auf die Erde fallen.

„Wie schön, dass ihr beide wieder da seid!", begrüßt Maria die Ankömmlinge. „Wisst ihr etwas von Josef? Er ist immer noch nicht zurückgekommen und ich mache mir große Sorgen! Seit heute Morgen ist er unterwegs. Da müsste er doch schon längst eine Herberge für uns gefunden haben. Hoffentlich ist ihm nichts zugestoßen!"

„Josef geht es gut", keucht Aram. „Er ..."

„Hast du ihn getroffen?", will Maria aufgeregt wissen. „Sicher hat er eine gute Unterkunft gefunden, nicht wahr? Ich freue mich schon darauf, endlich wieder ein Dach über dem Kopf zu haben und in einem richtigen Bett zu schlafen. Besonders, da es bald Nacht wird. Es ist schon sehr kühl. Wenn Mosche nicht gewesen wäre, der sich neben mich gelegt hat, sodass ich mich an seinen warmen Bauch schmiegen konnte, dann wäre ich jetzt schon völlig durchgefroren. Erzähl, Aram. Hat Josef ein gemütliches Zimmer für uns gemietet?"

Aram schüttelt den Kopf. „Nein", sagt er. „Ein Zimmer war leider nicht mehr frei. Es war ziemlich schwierig, überhaupt einen Schlafplatz zu finden."

Maria wird blass. Sie schaut Aram mit erschrockenen Augen fragend an. Der Junge holt tief Luft und erzählt von Josefs Herbergssuche.

Was erzählt Aram Maria? Wie ist es Josef bei der Herbergssuche ergangen?

„Als Jamin und ich Josef getroffen haben, da war er sehr verzweifelt", berichtet Aram. „Überall, wo er geklopft hat, hat man ihn weggeschickt. Ganz Bethlehem ist voll mit Reisenden, die irgendwo übernachten wollen. Alle Herbergen sind belegt." Aram kann kaum ertragen, wie verzweifelt Maria aussieht, deshalb sagt er schnell: „Doch dann haben wir einen sehr netten Wirt gefragt. Der hatte zwar auch keinen Platz in seinem Haus, aber er hat Josef seinen Stall angeboten."

„Seinen Stall?", fragt Maria und Aram nickt. „Das klingt vielleicht komisch, aber der Stall ist warm und trocken und richtig gemütlich. Josef repariert nur noch ein Loch in der Stallwand und dann ist alles in Ordnung. Jamin und ich sind gekommen, um dich nach Bethlehem zu begleiten."

Maria lächelt. „Das ist aber nett von euch. Dann lasst uns aufbrechen. Ich möchte gerne vor Einbruch der Nacht bei Josef sein."

„Am besten ist es, wenn du auf Mosche reitest", schlägt Aram vor. „Dann kommen wir schneller voran."

Der Esel hebt den grauen Kopf und ruft laut: „Iaaaah! Iaaaah!" Das heißt ja, da ist sich Aram ganz sicher.

Wenig später trottet Mosche ruhig den Weg nach Bethlehem entlang. Aram führt den Esel an einem groben Strick und Jamin läuft nebenher und schaut immer wieder zu Maria hinauf. Diesmal laufen sie nicht durch die Gassen der Stadt. Aram hat nämlich einen viel kürzeren Weg über die Felder entdeckt.

„Dort ist der Stall", sagt Aram nach einer Weile und zeigt auf das kleine Gebäude, vor dem Josef schon wartet.

Als Maria vom Esel steigt, nimmt er sie fest in die Arme. „Ich bin so froh, dass du da bist!", sagt er leise.

„Ich auch", antwortet Maria und lächelt.

Zusammenfassung
In der Abendkühle erreichen Aram und Jamin Maria und Mosche, die unter dem Olivenbaum auf Josef warten. Maria ist sehr froh, als Aram von Josefs schwieriger Herbergssuche und dem Stall, den er schließlich gefunden hat, erzählt. Sie reitet auf Mosche, begleitet von Aram und Jamin, nach Bethlehem. Vor dem Stall nimmt Josef, der schon auf sie gewartet hat, seine Verlobte glücklich in die Arme.

Dreideln

Material:
- Kasse (z. B. Schachtel)
- Klebstoff

Material pro Kind:
- Kopie der Vorlage von Seite 60
- Schere
- Bleistift oder Farbstift
- einige Nüsse, Murmeln oder Bonbons

So wird's gemacht:
- Die Kinder schneiden die Vorlage aus und stechen an der markierten Stelle ein kleines Loch ins Papier.
- Dann falten sie die Vorlage an allen eingezeichneten Linien und kleben die Klebelaschen zusammen. Es entsteht ein Würfel mit Spitze.
- Wenn der Klebstoff getrocknet ist, stecken die Kinder einen spitzen Holzstift durch das vorgebohrte Loch.
- Zu Beginn des Spiels legen alle Mitspieler jeweils die gleiche Anzahl Nüsse, Murmeln oder Bonbons in die Kasse.
- Ein Kind dreht den Dreidel und wartet, bis er umfällt. Auf der oben liegenden Seite stehen ein hebräischer Buchstabe und die dazugehörende Aktion, die dann von dem Spieler ausgeführt wird.

20. Dezember

Ein heller Stern

Bevor Josef und Maria mit Mosche den Stall betreten, der in der nächsten Zeit ihr Zuhause sein wird, verabschiedet Aram sich von ihnen.

„Jamin und ich müssen uns beeilen“, erklärt er und schaut in den Himmel, dessen Blau langsam dunkel wird. „Es wird bald Nacht. Wir müssen zurück zu unserer Herde. Mein Vater macht sich sicher schon Sorgen.“

Während Josef den Esel im Stall neben dem Ochsen anbindet, winkt Maria dem kleinen Hirtenjungen und seinem Hund zum Abschied.

Die Nacht bricht jetzt schnell herein. Schon ist der Himmel samtschwarz und die ersten Sterne schauen hinter grauen Wolkenfetzen hervor. Mit der Dunkelheit kommt ein kalter Wind auf. Er beißt in Arams Nase und die Kälte kriecht dem Jungen langsam von den Füßen durch den Körper hinauf bis zu den Ohren.

„Ist es noch weit, Jamin?“, seufzt Aram. „Ich friere. Wenn wir doch schon am Lagerfeuer säßen!“

Da sie in der Schwärze der Nacht ihren Weg nicht gut erkennen können, müssen die beiden langsam und vorsichtig gehen. Hoffentlich verlaufen sie sich nicht! Aram streckt die Hand aus und greift in Jamins Nackenfell. So können sie sich wenigstens nicht verlieren. Was für ein Glück, dass Aram nicht allein ist. Was für ein Glück, dass Aram so einen klugen Hund hat. Jamin findet nämlich immer zurück zur Herde. Immer!

Schweigend stapft Aram neben seinem Hirtenhund durch die Nacht. Der Weg ist ganz schön weit. Doch dann leuchtet in der Ferne ein rötlicher Schimmer. Arams Herz macht einen kleinen Freudensprung. Das ist nämlich …

Was hat Aram in der Ferne entdeckt?

„Unser Feuer!“, ruft Aram. „Da vorne ist die Herde. Wir sind gleich da, Jamin! Das hast du gut gemacht!“

Die Freude im Hirtenlager ist groß, als Aram und Jamin aus den Schatten der Nacht auftauchen und zum Lagerfeuer stolpern. Sie sind beide todmüde. Es war so ein aufregender, anstrengender Tag. Dan schließt seinen Sohn fest in die Arme. Joshua bringt einen Becher heißen Tee und ein großes Stück Fladenbrot für seinen kleinen Bruder und Sem versorgt Jamin mit Wasser und Futter.

„Wie war es in Bethlehem?“, fragt Dan, doch Aram ist so müde. Er will nur seinen Tee schlürfen, sein Brot verspeisen und in die lodernden Flammen des Lagerfeuers schauen.

„Das erzähle ich euch morgen“, murmelt er und schmiegt sich an Dan.

Als wenig später die Hirten wie jeden Abend Geschichten zählen, hört Aram nichts mehr davon. Er hat seinen Kopf in Jamins Fell vergraben und schläft, fest eingewickelt in seine Wolldecke.

Mitten in der Nacht schreckt Aram hoch. Etwas hat ihn geweckt. Grrr! Grrr! Was ist das für ein Geräusch? Grrr! Grrr! Aram lauscht. Jamin knurrt! Schleicht etwa wieder ein Wolf ums Lager?

Erinnert ihr euch daran, wie der Wolf die Herde belauert hat? Wer will davon erzählen?

Doch dann haben sich Arams Augen an die Dunkelheit gewöhnt und er sieht, dass Jamin ganz still neben ihm sitzt und in den Himmel schaut. Dabei rollt das leise Knurren aus seiner Kehle, das Aram geweckt hat: „Grrr! Grrr!“

Auch die Schafe sind unruhig. Sie blöken ängstlich und blicken alle in die gleiche Richtung: hinauf zum Himmel. Arams Augen folgen ihren und Jamins Blicken. Die Nacht ist sternenklar und am Himmel funkeln Millionen kleiner Sterne. Wunderschön sieht das aus. Aram hält den Atem an.

Und dann entdeckt er das, was die Schafe und Jamin anstarren. Es ist ein strahlender, großer Stern, der heller als alle anderen leuchtet. Er steht still und majestätisch am Himmel … Aram reibt sich verwundert die Augen. Wenn man in die Richtung läuft, in der der besondere Stern am Himmel steht, kommt man dann nicht zu dem Stall, in dem Maria, Josef und Mosche übernachten?

Zusammenfassung
Aram verabschiedet sich von Maria und Josef. Es wird schnell dunkel und er muss mit Jamin zurück zur Herde. Der Rückweg ist ein wenig unheimlich in der dunklen, kalten Nacht, aber Jamin findet problemlos den Weg. Dan und die anderen Hirten sind sehr froh, als Aram und Jamin das Lager erreichen. Mitten in der Nacht wacht Aram vom Knurren Jamins auf. Er sieht den prachtvollen Sternenhimmel und entdeckt einen ganz besonderen Stern, der heller als alle anderen Sterne leuchtet. Aram hat das Gefühl, dass dieser helle Stern dort am Himmel steht, wo der Stall liegt, in dem Maria und Josef übernachten.

Leuchtender Stern

Material pro Kind:
- Bleistift
- farbiger Tonkarton
- Schere
- Butterbrotpapier
- Transparentpapier in mehreren Farben
- Klebestift
- Klebestreifen

So wird's gemacht:
- Geben Sie jedem Kind eine auf DIN A4 vergrößerte Kopie des Sterns oder zeichnen Sie selbst eine vergrößerte Vorlage.
- Die Kinder übertragen die Vorlage auf den Tonkarton und schneiden sie aus. Die Breite des Rahmens sollte mindestens 2 cm betragen.
- Nun legen sie den Tonkartonstern auf das Butterbrotpapier, ziehen die äußere Linie mit Bleistift nach und schneiden diese Form ebenfalls aus.
- Die Kinder reißen das Transparentpapier in Stücke und bekleben den Stern aus Butterbrotpapier damit.
- Anschließend wird eine Seite des Rahmens mit Klebstoff bestrichen und auf den bunten Stern geklebt.
- Hängt man die entstandenen Sterne ans Fenster, scheint das Tageslicht hindurch und es sieht aus, als würden sie leuchten.

21. Dezember

Ein ganz besonderes Licht

Mitten in der Nacht sitzt Aram regungslos neben Jamin an der Glut des Lagerfeuers und blickt gebannt auf den großen, strahlend hellen Stern, der in der Ferne am Himmel leuchtet. So einen wunderbaren Stern hat Aram noch nie gesehen. Dieser Stern hat etwas zu bedeuten. Etwas ist geschehen. Etwas Großes! Etwas Wunderbares! Da ist sich Aram ganz sicher.

„Wir müssen die anderen wecken“, flüstert Aram und legt Jamin eine Hand auf den Kopf.

Der Hund steht auf und schüttelt und streckt sich, aber auch er lässt den besonderen Stern nicht aus den Augen. Er legt den Kopf in den Nacken, öffnet das Maul und dann steigt sein Jaulen zum Nachthimmel empor. „Jaaaoouuuu! Jaaaaooooouuu!“

Die unruhig blökenden Schafe fallen erschrocken in Jamins Hundegesang ein. „Määäääähähä! Määäähähä!“

Das nächtliche Konzert weckt die ersten Hirten.

„Was ist denn los?“, schimpft Joshua gähnend.

„Kannst du nicht auf deinen Hund aufpassen? Sieh zu, dass er Ruhe gibt!“, murrt Sem und zieht sich die Decke wieder über den Kopf.

Doch Aram lässt nicht locker. Er rüttelt seinen Vater an der Schulter. Er zieht seinen Brüdern die Decken weg. Er läuft durch das Lager, zeigt zum Himmel und ruft: „Wacht auf! Wacht auf! Ein Stern! Ein Stern!“

Was würdet ihr sagen, wenn euch jemand mitten in der Nacht aus dem tiefsten Schlaf weckt, weil ein Stern am Himmel zu sehen ist?

„Was ist passiert?“, murmelt ein alter Hirte verschlafen.

Sein Nebenmann reckt sich müde und brummt: „Ein Stern in der Nacht! Na und?“

Dan setzt sich auf und ruft: „Aram, lass uns schlafen. Was soll der Unsinn? Sterne stehen jede Nacht am Him...“ Erschrocken hält er inne.

Das Murren und Murmeln der anderen Hirten verstummt genauso plötzlich. Den Hunden bleibt ihr Gebell in der Kehle stecken. Sie pressen sich flach auf den Boden und zittern. Dichtgedrängt suchen die Schafe beieinander Schutz.

Alle Köpfe sind zum Himmel erhoben, über den jetzt langsam ein schimmerndes Licht gleitet. Als würde eine Schale mit flüssigem Gold über den samtschwarzen, mit Sternen übersäten Nachthimmel ausgegossen, fließt ein schimmerndes Leuchten zwischen den Sternen hindurch und taucht das nächtliche Hirtenlager in strahlendes Licht. Taghell ist es auf einmal.

Aram kneift geblendet die Augen zusammen. In dem hellen Schein ist der große, besondere Stern kaum noch zu erkennen. Unheimlich ist das. Arams Hand greift in Jamins Nackenfell und hält sich dort fest. Wie gut, dass der Hirtenhund ganz dicht neben dem Jungen steht.

„Das geht nicht mit rechten Dingen zu!“, sagt Joshua leise und seine Stimme zittert vor Furcht.

„Wir müssen verschwinden!“, schreit plötzlich ein Hirte und rennt über die hell erleuchtete Wiese zu einem Felsbrocken, um sich dahinter zu verstecken.

„Gott will uns strafen“, flüstert der älteste Hirte. „Lasst uns beten! Vielleicht verschont er uns dann.“

Als er niederkniet, schließen sich ihm einige Hirten an. Die meisten aber sind wie versteinert vor Angst. Sie starren mit weit aufgerissenen Augen in den leuchtenden Himmel und rühren sich nicht.

Aram aber weiß plötzlich ganz sicher, dass sie keine Angst haben müssen.

„Gott will uns nicht bestrafen“, sagt er leise. „Ich glaube, er will uns etwas Wichtiges sagen.“

Und Aram hat recht. Aus dem gleißenden Licht taucht ein Engel auf und spricht: „Fürchtet euch nicht!“

Zusammenfassung

Als Aram den großen, hellen Stern entdeckt, weckt der Junge die anderen Hirten. Diese sind sehr ungehalten über ihre unterbrochene Nachtruhe. Doch dann sehen alle ein ganz besonders helles Licht, das den ganzen Nachthimmel erleuchtet. Die Hirten fürchten sich sehr. Aram aber glaubt, dass Gott ihnen etwas Wichtiges sagen will. Dann sagt ein Engel: „Fürchtet euch nicht!“

Fantasiereise

Material pro Kind:
- Kissen
- Farbstifte
- Zeichenpapier

So wird's gemacht:
- Verdunkeln Sie den Raum.
- Die Kinder machen es sich mit ihren Kissen an ihrem Platz oder auf dem Boden bequem. Wer möchte, schließt die Augen.
- Reisen Sie mit den Kindern in Gedanken in eine winterliche Welt. Lesen Sie den Text langsam und betont vor.
- Bieten Sie den Kindern die Möglichkeit, im Anschluss an die Fantasiereise ein Bild zu malen.

Du atmest ein – du atmest aus.

Du stehst auf einem großen, schneebedeckten Feld. Es ist noch dunkel, aber am Horizont siehst du, dass gleich die Sonne aufgeht. Du läufst los. Der Schnee knirscht unter deinen dicken Winterstiefeln. Du atmest die eiskalte, klare Luft ein. Du kommst an einen Hügel, an dessen Fuß ein Schneemann steht. Neben ihm liegt ein Schlitten. Du nimmst den Schlitten und läufst den Hügel hinauf. Als du oben ankommst, bist du ganz außer Atem. Du setzt dich auf den Schlitten, hältst dich fest und saust den Berg hinunter. Der kalte Wind lässt deine Haare wehen und deine Wangen werden eisig.

Du steigst ab und läufst weiter über das schneebedeckte Feld. Am Ende des Feldes taucht die helle, gleißende Sonne die Welt um dich herum in ein glitzerndes Meer aus Schnee. Die Sonnenstrahlen blenden dich ganz leicht und wärmen dein Gesicht. Du gehst immer weiter auf die Sonne zu und fühlst, wie die Sonnenstrahlen deine Wangen, deine Ohren und dein Gesicht wärmen. Das helle Licht der Sonne durchströmt deinen ganzen Körper und alles wird warm.

22. Dezember

Die frohe Botschaft

Mitten in dem strahlenden Licht, das den Nachthimmel erleuchtet, schwebt ein Engel und ruft den Hirten zu: „Fürchtet euch nicht!“

Als die Männer die wundersame Erscheinung in ihrem Glanz erblicken, fallen sie auf die Knie und starren mit weitaufgerissenen Augen zu ihr empor.

Auch Aram kniet nieder. „Ein Engel“, flüstert er andächtig. „Ein wirklicher, echter Engel!“

„Ein Engel?“, fragt Joshua voller Angst. „Was will er von uns?“

Aram fürchtet sich nicht. Der Engel ist so wunderschön! Vor etwas so Schönem muss man keine Angst haben. Doch die Hirten zittern und beben. Und auch den Hunden sieht man an, wie sehr sie sich fürchten.

Woran kann man erkennen, dass ein Hund Angst hat?

Die Hunde klemmen die Schwänze zwischen die Beine und verstecken sich winselnd hinter den Hirten. Nur Jamin steht völlig ruhig neben Aram und schaut den Engel mit seinen dunklen Hundeaugen an. Und da spricht der Engel zu ihnen.

„Fürchtet euch nicht“, sagt er, „denn ich verkünde euch eine große Freude, die dem ganzen Volk zuteil werden soll: Heute ist euch in der Stadt Davids der Retter der Welt geboren. Er ist der Messias, der Herr.“

Aram schluckt. So ähnliche Worte hat er schon einmal gehört. Ja, jetzt erinnert er sich, das war damals, als er …

Wer hat Aram schon einmal von dem Retter der Welt erzählt? Wisst ihr auch noch, wo das war?

Genau das waren Marias Worte am Brunnen in Nazareth, als sie von dem ganz besonderen Kind, das sie erwartete, erzählt hat. Das muss Aram den anderen Hirten sofort sagen. Doch bevor der Junge den Mund öffnen kann, spricht der Engel schon weiter.

„Und das soll euch als Zeichen dienen“, sagt er zu den Hirten. „Ihr werdet ein Kind finden, das, in Windeln gewickelt, in einer Krippe liegt.“

Und dann verblasst das geheimnisvolle Licht langsam und der Engel verschwindet genauso plötzlich, wie er erschienen ist. Der dunkle, sternenübersäte Nachthimmel wölbt sich wie zuvor über dem Lager der Hirten. In der Ferne strahlt der eine, große, wundersame Stern, die Schafe blöken leise und Hirten und Hunde starren verwirrt auf die Stelle, von der gerade eben noch ein himmlischer Bote zu ihnen gesprochen hat.

„Ich weiß, wo wir das Kind finden, von dem der Engel erzählt hat“, ruft Aram aufgeregt und zeigt in die Richtung, in der der große Stern leuchtet. „Es ist das Baby von Maria und es liegt in einer Futterkrippe. In einem Stall, ein wenig außerhalb von Bethlehem. Dahin müssen wir gehen!“

„Der Retter der Welt soll in einem Stall sein?“, fragt ein Hirte verwundert.

„Erzähl doch keinen Unsinn!“, schreit ein anderer empört.

Die Hirten beraten aufgeregt, was sie nun tun sollen. Einige wollen das besondere Kind suchen. Andere wollen lieber an ihrem sicheren Lagerplatz bleiben. Und ein paar sind sogar dafür, diese unheimliche Gegend auf dem schnellsten Weg zu verlassen.

Doch Aram ruft laut: „Kommt, lasst uns nach Bethlehem gehen und dem Stern folgen!“

Zusammenfassung
Ein wundersamer Lichtschein erhellt die Nacht im Hirtenlager und ein Engel erscheint den Hirten. Er sagt ihnen, dass der Retter der Welt geboren ist und dass die Hirten ein Kind in einer Krippe finden werden. Die Hirten, die sich alle sehr fürchten, können sich nicht einigen, was sie nun tun sollen. Aram aber weiß, dass der Engel von Marias Baby gesprochen hat und ermutigt die anderen Hirten, nach Bethlehem zu gehen.

Engel aus Tortenspitze

Material pro Kind:
- 1 Tortenspitze, Ø ca. 36 cm
- 1 Tortendeckchen, Ø ca. 20 cm
- Schere
- Tacker
- durchsichtige Klebestreifen
- Watte
- Klebstoff
- Verschlussdraht von Gefriertüten

So wird's gemacht:
- Die Kinder schneiden die Tortenspitze bis zur Mitte ein. Dann drehen sie daraus einen Kegel und fixieren diesen mit dem Tacker. Das ist der Körper des Engels.
- Das Tortendeckchen wird halbiert und eine Hälfte ein weiteres Mal durchgeschnitten, sodass zwei Viertelkreise entstehen.
- Die beiden Viertelkreise werden ebenfalls zu Tüten gedreht, mit Klebestreifen fixiert und mit dem Tacker an der Rückseite des großen Kegels befestigt, sodass sie die Arme des Engels bilden.
- Den Halbkreis falten die Kinder wie eine Ziehharmonika und befestigen diese mit dem Tacker als Flügel am Rücken des Engels.
- Nun rollen die Kinder aus der Watte eine feste Kugel, stecken sie als Kopf auf die Spitze des Kegels und kleben sie gut fest.
- Wer möchte, kann aus Verschlussdrähten von Gefriertüren Locken drehen und sie als Haare oben in die Wattekugel stecken.

23. Dezember

Lasst den Streit

Arams lauter Ruf: „Kommt, lasst uns nach Bethlehem gehen!“, lässt die streitenden Hirten plötzlich verstummen.

„Dieser Stern …“, murmelt Joshua.

Dan überlegt: „So einen großen, hellen Stern habe ich noch nie gesehen. Aram hat recht. Das ist ein Zeichen. Lasst uns dem Stern folgen.“

Dan ist der Anführer der großen Herde und alle Hirten gehorchen ihm. Gemeinsam mit den Hunden treiben sie die Schafe zusammen und machen sich auf den Weg durch die Nacht. Sie folgen dem Stern und wandern um die Stadt Bethlehem herum.

Je länger die Hirten mit ihren Schafen unterwegs sind, ohne dass ihnen etwas Unheimliches begegnet, umso aufgeregter und mutiger werden sie. Plötzlich will jeder Hirte den langen Zug anführen. Nach einer Weile sieht Aram in der Ferne den Stall, in dem Maria und Josef übernachten. Direkt über dem Stall funkelt der große, besondere Stern. Jetzt haben die anderen Hirten den kleinen Stall auch entdeckt und das Gedränge an der Spitze des Zuges wird immer größer.

„Lasst mich durch!“, schimpft ein graubärtiger Hirte und schubst zwei andere Hirten zur Seite.

„He!“, ruft Joshua und dreht sich wütend um. „Drängle gefälligst nicht so! Ich war zuerst hier.“

Mehrere Hirten murren laut. Aus dem Nichts entsteht plötzlich ein heftiger Streit.

Ist es euch auch schon einmal passiert, dass ein Streit ganz plötzlich, ohne Grund entstanden ist?

„Frecher Bengel!“ und „Du hast keinen Respekt vor dem Alter!“, rufen einige ältere Hirten und schauen Joshua böse an.

„Joshua“, sagt Aram und legt seinem Bruder eine Hand auf den Arm. „Lass es doch. Wir werden alle rechtzeitig ankommen. Streite dich nicht!“

Doch Joshua will nicht auf seinen kleinen Bruder hören. „Halt die Klappe, du Zwerg! Das geht dich gar nichts an!“, brüllt er wütend und wendet sich mit erhobenen Fäusten dem graubärtigen Hirten zu.

Mit einem Satz steht Sem neben seinem Bruder. Auch er ballt die Fäuste. „Wer meinen Bruder beschimpft, bekommt es mit mir zu tun“, zischt er zornig.

„Ach nein. Die Söhne vom Chef. Wieder mal! Die dürfen natürlich alles, vordrängeln und schubsen und vielleicht sogar prügeln. Aber einfache Hirten wie wir, die kommen immer an letzter Stelle!“ Ein jüngerer Hirte stößt Sem so heftig, dass der sich beinahe auf den Hosenboden setzt.

„Ruhe! Sofort aufhören!“, ruft Dan und versucht zu schlichten.

Doch in diesem Moment entsteht auch unter den Schafen eine Unruhe. Ascher senkt den Kopf, nimmt Anlauf und rempelt eines der Schafe kräftig an.

Wer ist Ascher? Kann sich jemand von euch daran erinnern?

Das angegriffene Schaf blökt laut und wehrt sich. Und was machen die Hirtenhunde? Normalerweise sind in solchen Situationen sofort ein oder zwei Hunde zur Stelle, die die streitenden Schafe laut bellend auseinandertreiben. Heute aber kümmern sich die Hunde nicht um die Herde. Sie sind mit ihrem eigenen Streit beschäftigt und raufen knurrend miteinander. Es sieht so aus, als wollte jeder Hirte, jedes Schaf und jeder Hund als Erster den Stall erreichen.

Aram seufzt. „Warum streiten sie nur alle?“, fragt er Jamin.

Doch der kleine Hirtenhund hat keine Antwort auf diese Frage. Langsam folgen Aram und Jamin den anderen. Die Männer und die Tiere

nähern sich schimpfend und drängelnd dem Stall, über dem der strahlende Stern am nächtlichen Himmel leuchtet. Aus dem Inneren des Stalls dringt ein sanftes, zauberhaftes Licht ins Freie.

Als dieser Lichtschein auf die ersten Hirten fällt, bleiben sie andächtig stehen. Augenblicklich verstummt der Streit. Friede breitet sich aus. Leise und vorsichtig betreten die ersten Hirten mit ihren Hunden den Stall.

Zusammenfassung
Aram kann die Hirten davon überzeugen, dass der Stern ihnen den Weg zu dem besonderen Kind zeigt. Auf Dans Befehl hin machen sich die Hirten mit ihren Hunden und Schafen auf den Weg nach Bethlehem. Unterwegs bricht zwischen den Menschen und unter den Tieren ein heftiger Streit aus, doch als sie den Stall erreichen und ein sanfter Lichtschimmer nach draußen fällt, endet der Streit plötzlich.

Lied: Kommet, ihr Hirten

Material:
- Klangstäbe
- Tamburin
- Triangel

Material pro Kind:
- Kopie der Vorlage von Seite 61

So wird's gemacht:
- Singen Sie das Lied den Kindern zunächst vor und anschließend mit ihnen gemeinsam.
- Wenn die Schüler das Lied gut beherrschen, kann es mit Instrumenten begleitet werden.
- Üben Sie die Begleitung jedes Instruments mit den jeweiligen Kindern ein, indem sie die Rhythmen gemeinsam klatschen.
- Schließlich kann auch für eine kleine Vorführung geprobt werden. Eine Nachbarklasse hört sich das Lied mit Begleitung bestimmt gerne an.

24. Dezember

Jesus ist geboren

Die Hirten sind mit ihren Hunden und mit all den vielen Schafen vor dem Stall angekommen, in dem Maria und Josef mit Mosche Unterkunft gefunden haben. Der böse Streit, der alle vor wenigen Augenblicken noch beschäftigt hat, ist vergessen. Ein Hirte nach dem anderen tritt leise näher. Aram hört viele nette Worte. „Komm nur, geh zuerst hinein!" – „Aber nein, geh du zuerst. Ich kann warten." – „Oh, nach dir, mein Lieber!" – „Das ist aber nett! Vielen Dank!" Die Hirten flüstern freundlich miteinander. Die Hunde folgen ihren Herren wie auf Samtpfoten. Kein Bellen und Knurren, nicht das winzigste Jaulen oder Winseln ist zu hören. Ab und zu schiebt sich ein Schaf vorsichtig in den Stall, aber die meisten Schafe müssen draußen bleiben. Für so viele Tiere ist es drinnen zu eng. Noch vor wenigen Minuten hätten die Schafe sich geschubst und gestoßen. Jedes Schaf hätte versucht, sich an den anderen vorbeizudrängeln. Jetzt aber legen sich die Tiere, die keinen Platz mehr im Stall finden, ganz friedlich ins Gras und schauen neugierig ins Innere.

Warum endet der Streit plötzlich? Warum werden Hirten, Hunde und Schafe auf einmal friedlich?

Aram und Jamin erreichen den Stall als Letzte. Die Schafe bilden eine schmale Gasse und lassen den Jungen und den Hund durch. Vorsichtig schaut Aram in das nach Heu und Stroh duftende Dämmerdunkel, das von einem sanften Zauberlicht durchwoben ist. Der schwache Lichtschein geht von der Stelle aus, an der sich die Futterkrippe befindet. Die Hirten und die Hunde verdecken Aram die Sicht, aber er erinnert sich noch genau daran, dass die Krippe vor der Seitenwand des Stalles steht. Vor der Wand, in der Josef das Loch repariert hat.

„Muuuuhuhu! Muuuuhuhu!", macht der Ochse, der sich verwirrt umsieht. Bestimmt ist er so viel Besuch nicht gewohnt.

„Iaaaa! Iaaaa! Iaaaa!", ruft Mosche freundlich und senkt den grauen Kopf, als Jamin ihn schwanzwedelnd begrüßt. Doch bevor der Esel seinen Hundefreund beschnuppern kann, hat der sich schon zwischen den Beinen der Hirten hindurchgedrängt und Aram kann ihn nicht mehr sehen.

Dafür hört er eine vertraute Stimme. „Oh!", sagt die Stimme. „Das ist ja Jamin! Hallo, du Braver!"

„Hallo, Maria!", ruft Aram und hüpft ein wenig auf und ab, um über die Köpfe der anderen Hirten zu schauen. „Hallo, Josef!"

Dan schaut seinen Sohn fragend an. „Du kennst diese Menschen?", erkundigt er sich und Aram nickt.

„Das sind Maria und Josef aus Nazareth. Ich habe euch doch schon von ihnen erzählt." Und dann fragt er die Hirten: „Lasst ihr mich durch? Bitte!"

Wie zuvor die Schafe, bilden jetzt die Hirten und Hunde einen schmalen Gang, durch den Aram zur Krippe schlüpfen kann.

Maria sitzt auf einem Heuballen. Sie sieht ein bisschen müde, aber sehr, sehr glücklich aus. Sie krault Jamin und lächelt Aram entgegen. Neben ihr steht Josef. Er blickt mit leuchtenden Augen in die Futterkrippe, von der der sanfte, wundersame Lichtschein ausgeht.

Aram hält den Atem an. Langsam lässt er sich auf die Knie nieder. Er kümmert sich nicht um Maria und Jamin, er schaut Josef nicht an. All seine Aufmerksamkeit gilt dem neugeborenen Kind, welches in weiße Tücher gewickelt auf dem weichen Heu liegt und sich mit großen Augen umsieht. Der wundersame Lichtschimmer geht von diesem kleinen Baby aus. Aram schluckt.

„Es ist alles so, wie es der Engel verkündet hat!", flüstert er leise und Maria nickt. „Gottes Sohn ist geboren. Der Retter der Welt, auf den alle Menschen gewartet haben."

Maria streicht Aram über den Kopf und schaut Josef an. „Genauso ist es“, sagt sie. „Und er soll Jesus heißen.“

Zusammenfassung

Als Hirten, Hunde und Schafe den kleinen Stall erreichen, verstummt aller Streit. Die Hirten und die Hunde versammeln sich vor dem kleinen Stall und die meisten Schafe liegen friedlich im Gras. Aram und Jamin treten als Letzte ein. Die Hirten lassen die beiden durch. Vor der Krippe kniet Aram nieder. Auf Heu und Stroh liegt das neugeborene Jesuskind, ganz so, wie der Engel es angekündigt hat.

Würfelspiel: Von Nazareth nach Bethlehem

Material:

- Kopie der Spielvorlage von Seite 62/63
- Kopie der Spielanleitung von Seite 64
- Schere
- Klebstoff
- 4 Spielfiguren
- 1 Würfel

So wird's gemacht:

- Die Kinder bilden Vierergruppen und spielen das Brettspiel nach den Vorgaben der Anleitung.

Tipps:

- Das Poster kann von den Kindern mit Farbstiften angemalt werden.
- Da am 24. Dezember kein Unterricht mehr stattfindet, kann diese Aktivität im Rahmen der Freiarbeit vorgezogen werden.
- Um die Haltbarkeit des Spielfelds zu erhöhen, sollte es laminiert oder auf Pappkarton aufgeklebt werden.

Gestaltungsvorlagen

zu: 7. Dezember (Seite 18/19)

Geheimschrift

In Israel ist die Landessprache Hebräisch.
Die hebräische Schrift hat einige Besonderheiten:

- Sie wird von rechts nach links geschrieben und gelesen.
- Sie kennt keine eindeutigen Selbstlaute.

1. Entschlüssle folgende Wörter.

	pprK	mhlhtB
Schreibe von links nach rechts.	______	______
Ergänze zusätzlich die Selbstlaute.	______	______

2. Schreibe folgende Wörter in Geheimschrift.

	Esel	Josef
Schreibe das Wort ohne Selbstlaute.	______	______
Schreibe es außerdem von rechts nach links.	______	______

Lösung:
1. Krippe, Bethlehem
2. ls, fsJ

zu: 7. Dezember (Seite 18/19)

Geheimschrift für Profis

So sehen die hebräischen Schriftzeichen aus.

Laut	b	d	f	g	h	j	k	l	m	n
Schrift-zeichen	ב	ד	פ ף*	ג	ה	י	כ ך*	ל	מ ם*	נ ן*

Laut	p	q	r	s	t	w	z	sch	ch	ts
Schrift-zeichen	פ ף*	ק	ר	ס	ת	ו	ז	ש	ח	צ ץ*

* wenn der Laut am Wortende steht

Entschlüssle folgende Wörter.

	הרת	שף	נגל
Ersetze die Schriftzeichen durch die entsprechenden Laute.	______	______	______
Schreibe von links nach rechts.	______	______	______
Ergänze passende Selbstlaute.	______	______	______

Beispiellösung:
Hirte, Schaf, Engel

Gestaltungsvorlagen

zu: 8. Dezember (Seite 20/21)

zu: 12. Dezember (Seite 28/29)

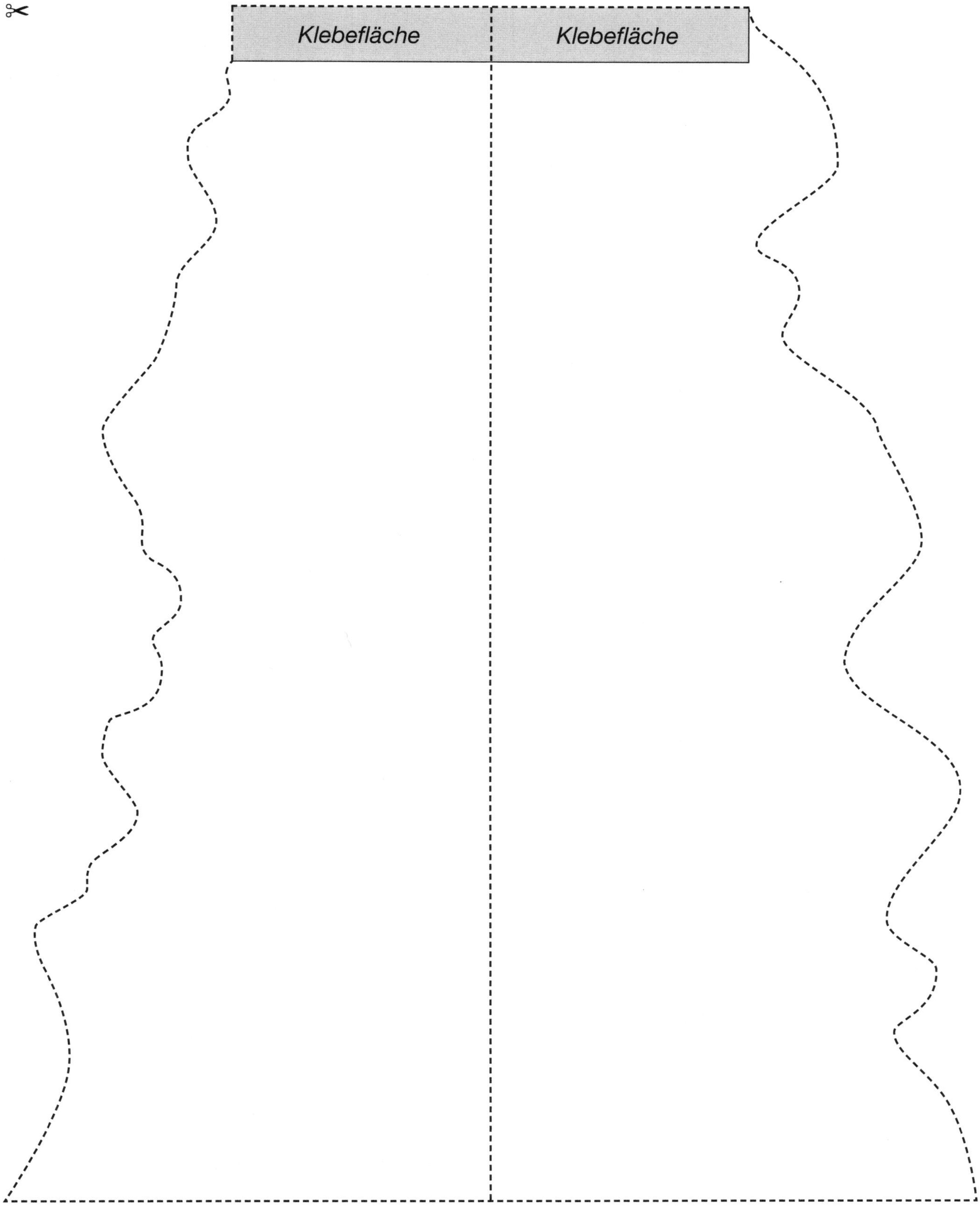

zu: 13. Dezember (Seite 30/31)

zu: 16. Dezember (Seite 36/37)

Hevenu Shalom

Text und Melodie: aus Israel

Deutsch
Wir wollen Frieden für alle, (3 x)
wir wollen Frieden, Frieden,
Frieden für die Welt.

Englisch
May there be peace in the world, (3 x)
may there be peace, peace, peace, peace
all over the world.

Italienisch
Vogliamo pace per tutti, (3 x)
vogliamo pace, pace,
pace per ogni.

Französisch
Nous voulons paix pour le monde, (3 x)
nous voulons paix, paix, paix, paix
paix pour tout le monde.

Gestaltungsvorlagen

zu: 19. Dezember (Seite 42/43)

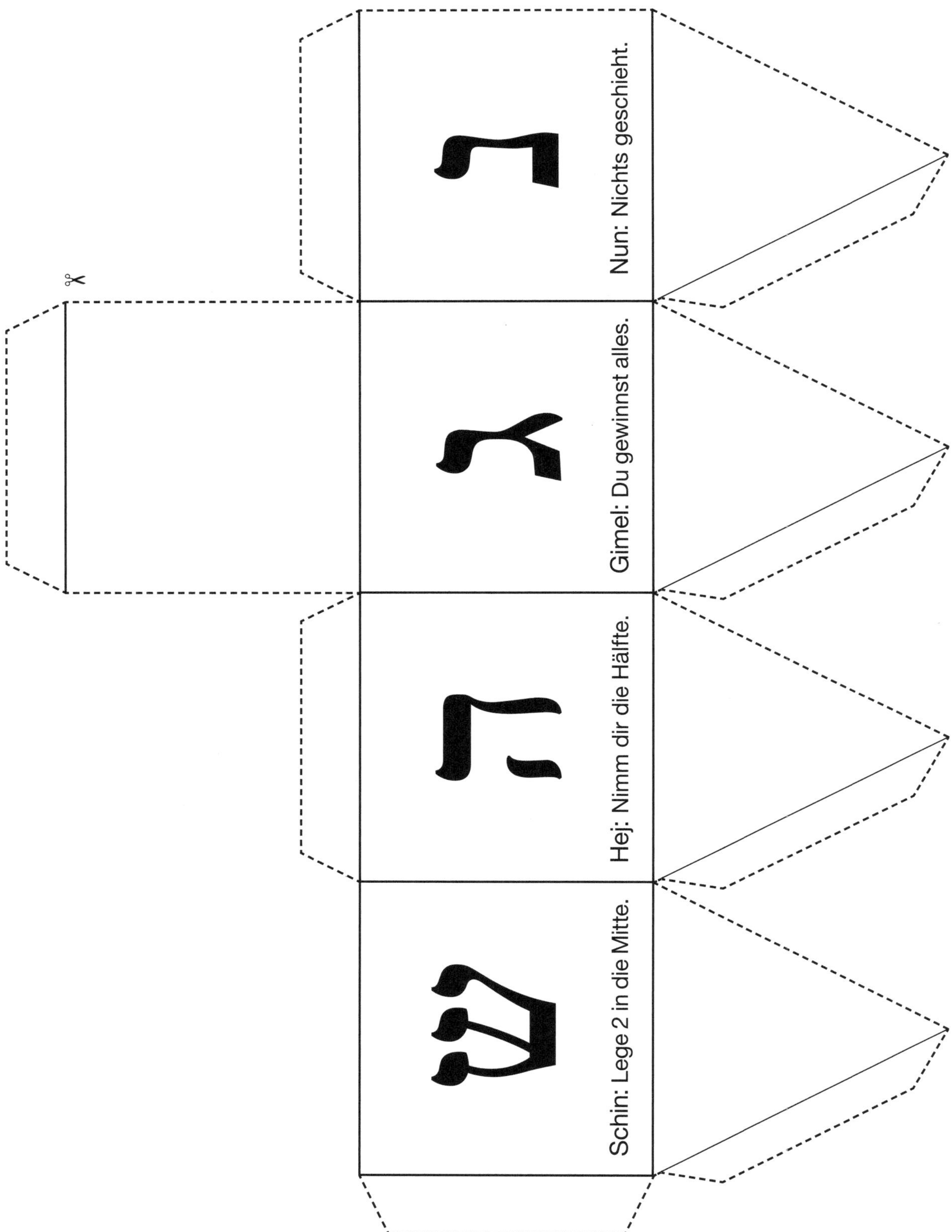

zu: 23. Dezember (Seite 50/51)

Kommet, ihr Hirten

Text und Melodie: Volksgut

2. Lasset uns sehen in Bethlehems Stall,
was uns verheißen der himmlische Schall!
Was wir dort finden, lasset uns künden,
lasset uns preisen in frommen Weisen!
Halleluja!

3. Wahrlich, die Engel verkündigen heut
Bethlehems Hirtenvolk gar große Freud!
Nun soll es werden Frieden auf Erden,
den Menschen allen ein Wohlgefallen!
Ehre sei Gott!

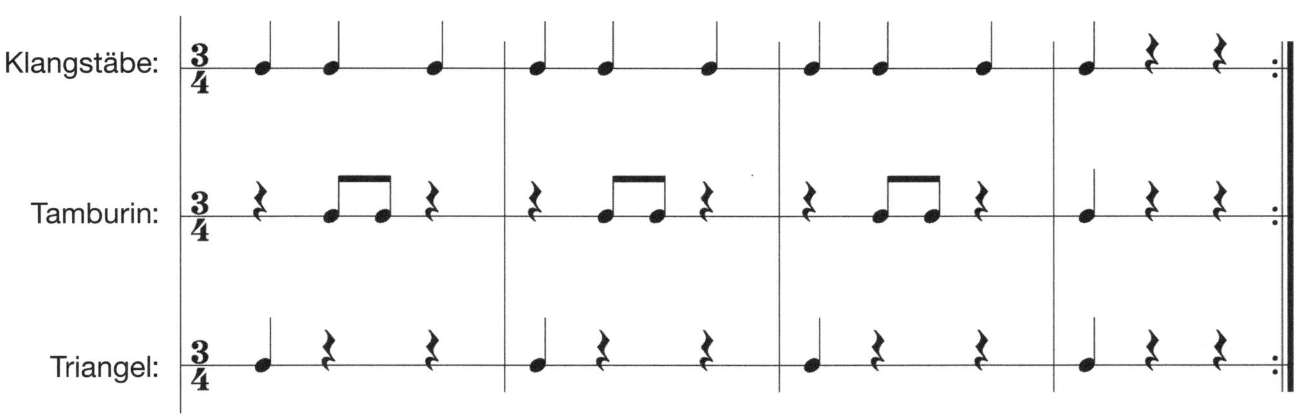

Gestaltungsvorlagen

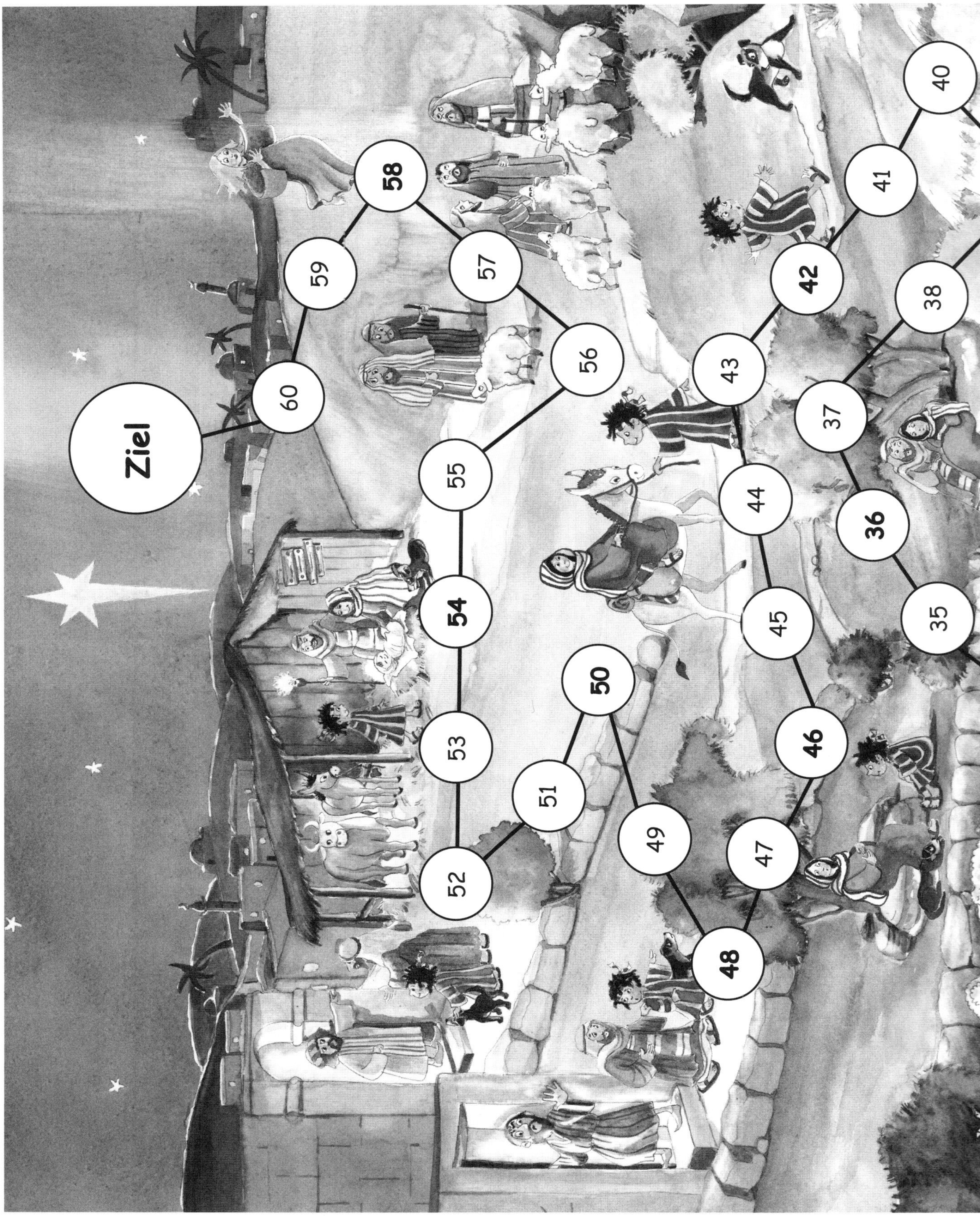

Hier Seite 62 ankleben.

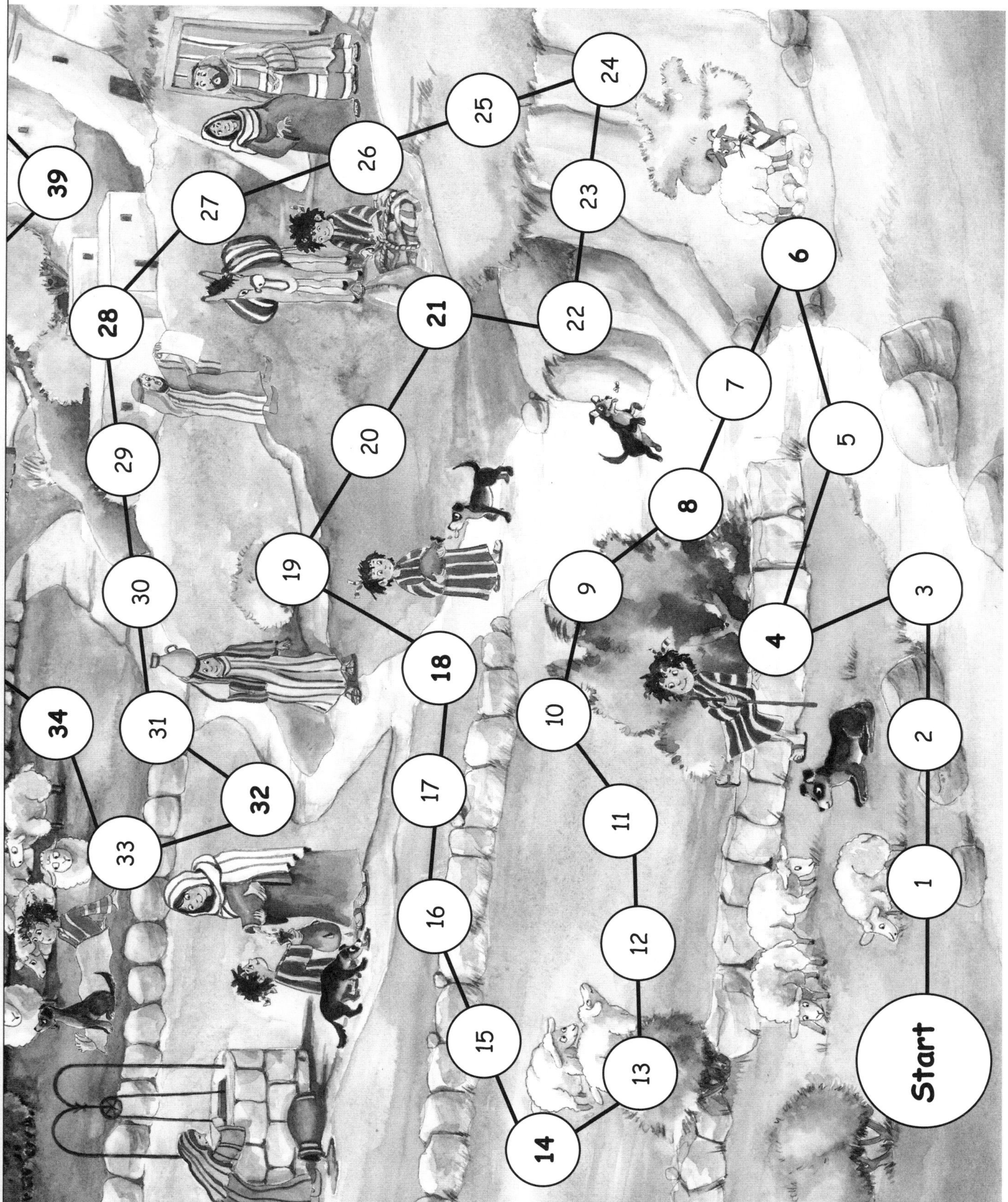

zu: 24. Dezember (Seite 52/53)

Würfelspiel: Von Nazareth nach Bethlehem

Du begleitest Aram auf seinem Weg von Nazareth nach Bethlehem. Gemeinsam erlebt ihr viele Abenteuer. Hindernisse und Überraschungen erwarten dich auf den grauen Feldern.

So geht's:
- Jeder Spieler stellt seine Spielfigur auf das Startfeld.
- Wer beginnt, wird ausgelost.
- Gewürfelt wird reihum im Uhrzeigersinn.

4: Ruh dich auf einem Mäuerchen aus: Zurück auf 1.
6: Such den Schafbock und bring ihn zurück zur Herde: 4 Schritte vor.
8: Du vergisst beim Spielen mit Jamin die Zeit: 3 x würfeln, die höchste Zahl gilt.
14: Du stolperst über einen Stein und musst langsamer gehen: Vor dem Würfeln die Augenzahl raten, bis du richtigliegst.
18: Du hast deinen Wassersack vergessen und musst umkehren: Zurück auf 1.
21: Pack deine sieben Sachen: 7 Schritte vor.
28: Schlechte Nachrichten: Würfeln und die gewürfelte Augenzahl zurückgehen.
32: Mach einen Umweg zum Brunnen: Eine Runde aussetzen.
34: Versteck dich vor dem lauernden Wolf: Eine Runde aussetzen.
36: Du hast den Wolf in die Flucht geschlagen und wirst belohnt: 2 x würfeln.
39: Du hast zu viele süße Feigen gegessen, bekommst Bauchweh und musst Pause machen: Zurück auf 12.
42: Du kommst vom Weg ab und verläufst dich: 3 Schritte zurück und dann 5 Schritte vor.
46: Maria erzählt dir schöne Geschichten. Dabei verpasst du den Aufbruch der Herde: Warten, bis alle vorbei sind.
48: Du findest keine Herberge: 2 Schritte zurück.
50: Du darfst auf Mosche reiten: So lange würfeln, bis die 6 kommt.
54: Du fürchtest dich vor dem hellen Stern: Zurück auf 51.
58: Der Engel verkündet die frohe Botschaft: 3 Schritte vor.